如何有效实施
幼儿园主题性区域活动

秦元东　陈芳／等著

中国轻工业出版社

图书在版编目(CIP)数据

如何有效实施幼儿园主题性区域活动/秦元东等著.—北京：中国轻工业出版社，2013.3（2024.1重印）
ISBN 978-7-5019-9134-1

Ⅰ.①如… Ⅱ.①秦… Ⅲ.①活动课程-学前教育-教学研究 Ⅳ.①G612

中国版本图书馆CIP数据核字（2012）第316901号

保留所有权利。非经中国轻工业出版社"万千教育"书面授权，任何人不得以任何方式（包括但不限于电子、机械、手工或其他尚未被发明或应用的技术手段）复印、拍照、扫描、录音、朗读、存储、发表本书中任何部分或本书全部内容，以及其他附带的所有资料（包括但不限于光盘、音频、视频等）。中国轻工业出版社"万千教育"未授权任何机构提供源自本书内容的电子文件阅览、收听或下载服务。如有此类非法行为，查实必究。

责任编辑：吴　红　　责任终审：杜文勇
策划编辑：高　君　　责任校对：刘志颖　　责任监印：吴维斌

出版发行：中国轻工业出版社（北京鲁谷东街5号，邮编：100040）
印　　刷：三河市鑫金马印装有限公司
经　　销：各地新华书店
版　　次：2024年1月第1版第10次印刷
开　　本：710×1000　1/16　印张：12
字　　数：122千字
印　　数：22001—24000
书　　号：ISBN 978-7-5019-9134-1　定价：24.00元
读者热线：010-65181109
发行电话：010-85119832　010-85119912
网　　址：http://www.chlip.com.cn　http://www.wqedu.com
电子信箱：1012305542@qq.com
如发现图书残缺请拨打读者热线联系调换
232176Y1C110ZBW

前　言

　　以往，人们在实践中所提的"主题背景下的区域活动"、"主题性区域活动"的重要贡献在于，确立了区域活动在主题活动甚至幼儿园课程中不可或缺的地位，将区域活动提升到与集体教学并列或同等重要的地位。但其根本缺陷在于，区域活动和集体教学在实践中经常是围绕着同一主题下的平行关系，缺乏有意义的内在联系。正是在批判性地借鉴与吸收以往相关经验的基础上，我们自觉地以生态学思想为指导，系统地阐释了"幼儿园主题性区域活动"的理念。

　　确定了"幼儿园主题性区域活动"这一选题之后，我们选取了在幼儿园区域活动方面有着悠久的研究历史与丰富的实践经验，并且在主题性区域活动方面有过实践探索的慈溪市实验幼儿园，组建了研究团队，前期开展了相关的理论培训，然后组织一线教师自觉地以生态学思想为指导，在实践中进行了一个学期的"主题性区域活动"的行动研究。这为"幼儿园主题性区域活动"的系统探讨提供了丰富的素材与经验基础。

　　正是在生态学思想的指导下，在"生态式幼儿园区域活动"理念和"主题性区域活动"行动研究的基础上，我们系统地阐释了"幼儿园主题性区域活动"的理念与实践策略。这也使得本书在具有了理论高度的同时也具有了实践操作性，较好实现了理论与实践的有机联系。

　　本书的结构框架是根据主题性区域活动的七个环节组织的，即主题性活动区种类的确定、空间的调整、材料的投放、活动开展时机的把握以及活动的观察、指导与评价。这七个环节既具有内在的联系，同时也具有相对的独立性。因此，读者在阅读的过程中，最好能综合地阅读本书中所有章节的内容，这有助于读者更系统、全面、深入地理解"主题性区域活动"的理念，进而更好地指导自己的实践活动。这七个环节虽然共同构成了"主题性区域活动"，但并非意味着读者必须在实践中全方位地进行尝试与探索，而是可以首先从自己有一定经验基础或感兴趣的环节入手进行个别尝试，然后循序渐进，最终达到对"主题性区域活动"的系统尝试。

本书如果能对读者有所裨益的话，将是对我们最大的肯定；如果能激发读者尝试进行幼儿园主题性区域活动方面的实践探索，将是我们最大的心愿。期待着有更多的有志之士能关心、呵护和参与到幼儿园主题性区域活动的探索中来，使其更加完善与茁壮成长。

秦元东

2012年11月

目 录

第一章 幼儿园主题性区域活动概述 1

  第一节 什么是主题性区域活动 1

    一、主题性区域活动的内涵 2

    二、主题性区域活动的特点 4

  第二节 主题性区域活动的基本定位与主要环节 8

    一、主题性区域活动的基本定位：生态学的视角 8

    二、主题性区域活动的主要环节 14

  附录1-1 从玩春泥说起 16

第二章 主题性活动区种类的确定与设置要点 19

  第一节 种类的确定 19

    一、种类确定的"需要性原则" 19

    二、种类确定的主要影响因素 20

    三、种类确定的一般程序 22

  第二节 主题性活动区的设置要点 24

    一、常见的主题性活动区的设置要点 25

    二、不同年龄段主题性活动区的设置要点 34

第三章　主题性活动区空间的调整技巧 ····· 41
第一节　空间观的转变 ····· 41
一、空间的拓展：从室内走向室外 ····· 41

二、空间的关系：从封闭走向开放 ····· 43

三、空间的使用：从独享走向共享 ····· 44

四、态性的转变：从静态走向动态 ····· 45

第二节　空间的优化策略 ····· 47
一、合理的空间布局 ····· 48

二、通透的隔离物 ····· 50

三、空间的动态变化 ····· 51

四、空间的拓展使用 ····· 52

附录3-1　小动物家来客人了 ····· 53

附录3-2　帮植物过冬 ····· 56

附录3-3　从活动室走向走廊 ····· 59

第四章　主题性活动区材料的投放策略 ····· 63
第一节　材料观的转变 ····· 63
一、材料的内涵：从单个到系统 ····· 64

二、材料投放者：从一元主导到多元对话 ····· 67

第二节　材料的投放原则 ····· 68
一、安全性 ····· 69

二、就地取材 ····· 70

三、废物利用 ····· 71

四、富于探索性 ····· 71

五、一物多用 ····· 72

六、多层次性 ····· 73

第三节　材料的调整技巧 ·· 74
　　　　一、添加 ·· 75
　　　　二、删减 ·· 75
　　　　三、组合 ·· 76
　　　　四、回归 ·· 77
　　第四节　材料的年龄适宜性 ·· 78
　　　　一、小班主题性活动区材料的核心特质 ··························· 78
　　　　二、中班主题性活动区材料的核心特质 ··························· 80
　　　　三、大班主题性活动区材料的核心特质 ··························· 83
　附录 4-1　巧用复读机 ··· 87
　附录 4-2　扎染 ··· 89
　附录 4-3　打保龄球 ··· 92

第五章　主题性区域活动开展时机的把握 ································ 95
　第一节　开展时机的转变、原则、挑战与应对 ···························· 95
　　　　一、开展时机的转变：从固定到灵活 ······························ 95
　　　　二、开展时机的"需要性原则" ······································ 97
　　　　三、开展时机的灵活性对幼儿园课程设置的挑战与应对 ···· 100
　第二节　主题活动三阶段中的开展时机 ··································· 102
　　　　一、主题活动的孕育阶段 ·· 102
　　　　二、主题活动的拓展阶段 ·· 105
　　　　三、主题活动的延伸阶段 ·· 107
　附录 5-1　冬天里 ··· 109

第六章　主题性区域活动的观察方法 ······································· 113
　第一节　观察的生态学取向 ··· 113
　　　　一、观察的目的 ··· 114

二、观察的角度 ·· 114

　　三、观察的内容 ·· 114

　　四、对观察的解释 ·· 118

　　五、观察的应对 ·· 120

第二节　观察的主要工具与方法 ·· 122

　　一、观察工具 ·· 122

　　二、观察方法 ·· 124

第七章　主题性区域活动的指导策略 ·· 137

第一节　指导的原则与方式 ·· 137

　　一、指导原则 ·· 137

　　二、指导方式 ·· 141

第二节　指导的要点 ·· 145

　　一、主题性区域活动各环节的指导要点 ···································· 146

　　二、各年龄段幼儿主题性区域活动的指导要点 ························ 150

附录 7-1　冰不见了 ·· 156

第八章　主题性区域活动的评价技巧 ·· 159

第一节　评价的新取向 ·· 159

　　一、评价的功能："承上启下"的发展功能 ······························ 159

　　二、评价的参与者：基于共同经验基础的"相关人员" ········ 160

　　三、评价的时机：基于需要原则的"随机" ···························· 161

第二节　评价的内容 ·· 161

　　一、幼儿 ·· 161

　　二、教师 ·· 169

后　记 ·· 179

第一章 幼儿园主题性区域活动概述

幼儿园区域活动思想最早是由意大利幼儿教育学家蒙台梭利提出的,直到"20世纪90年代初,一些留学归国人员把当时在国外非常盛行的区域活动模式介绍到我国"[①],国内才开始逐渐开展区域活动的理论与实践方面的探索。

随着我国《幼儿园教育指导纲要(试行)》(简称《纲要》,下同)的颁布以及人们对儿童个性和主动学习的强调,幼儿园区域活动日益受到重视。目前,在单元主题活动主导我国幼儿园教育活动组织形式的背景下,实践中诞生了一种强调和主题活动联系的区域活动,即幼儿园主题性区域活动(简称主题性区域活动,下同)。

第一节 什么是主题性区域活动

主题性区域活动,主要是在实践中诞生的,是实践探索的结晶。我国迄今为止未见系统的相关理论研究。

---

① 霍力岩,孙冬梅,等. 幼儿园课程开发与教师专业发展:比较研究的视角[M]. 北京:教育科学出版社,2006:121.

一、主题性区域活动的内涵

"主题性区域活动"概念的提出，主要是基于实践中区域活动和主题活动的关系。根据对"关系"理解的不同，主题性区域活动存在广义与狭义之分。

（一）广义的主题性区域活动

广义的主题性区域活动，是指和主题活动存在着不同程度关系的区域活动，既包括那些和主题活动关系较为密切并随着主题活动的变化而相应发生明显变化的区域活动，也包括那些和主题活动关系较为松散或不明显并且往往不会随着主题活动的变化而发生明显变化的区域活动。比如，在小班"汽车叭叭"的主题活动中，幼儿利用自带的汽车玩具建构"汽车城"的活动以及利用多种材料（如牙膏盒、牙签、硬纸板等）设计与制作"汽车"的美工区活动，就属于和主题活动关系密切的主题性区域活动；除此之外，还存在一些和主题活动关系松散的主题性区域活动，如渗透了诸如带娃娃坐车、送给娃娃汽车玩具等有关"汽车"元素的"娃娃家"活动。

（二）狭义的主题性区域活动

狭义的主题性区域活动，是指那些和主题活动关系密切并随着主题活动的变化而相应发生明显变化的区域活动，尤其是随着新的主题活动的诞生、发展与结束而相应（但实践中往往不会同时而是提前或滞后）诞生、发展与结束的区域活动，而相应的活动区便被称为主题性活动区。比如在"美丽的杭州·我的家乡"主题活动中（见表1-1），建构区"西湖十景"活动、视听区"美丽的西湖·西湖的传说"活动、图书区活动就属于狭义的主题性区域活动。

表1-1 "美丽的杭州·我的家乡"周计划（部分）①

星期	一	二	三	四	五
区域活动目标内容材料	**主题区**："西湖的孩子"——收集幼儿在西湖各景点拍的照片及相关的文字说明、游记等。 **建构区**："西湖十景"——准备各类积木、插塑、插管等建构类玩具，鼓励幼儿与好朋友合作搭建西湖的主要景点，如用雪花片装饰成"曲院风荷"等。 **视听区**："美丽的西湖·西湖的传说"——准备有关杭州风景的碟片资料，以及与主题有关的民间故事录音等，让幼儿感受杭州的美丽，帮助他们了解杭州的历史。 **图书区**：提供各种有关杭州西湖的故事、方言儿歌、风景图片等。通过各种体裁的文学作品，帮助幼儿感受杭州历史的悠久。 **生活区**：组织舀珠子、夹小球等活动，练习幼儿的手眼协调能力。					
上午活动	英语学习活动（A/B②）；专业教师带班；区域活动：搭建西湖名胜并巩固区域常规（B/A）	体育活动（A/B）；专业教师带班《饮湖上初晴后雨》（B）；数学活动"快乐的旅行"（A）	数学活动"快乐的旅行"（B）；《饮湖上初晴后雨》（A）；动画时间	美术活动"三潭印月"（A）"小导游"（B）	"小导游"（A）；美术活动"三潭印月"（B）；散步
下午活动	角色游戏	手工活动	音乐游戏"把我的名字唱出来"	数学活动"给小动物送食物"	智力游戏

实践中，幼儿园一线教师所说的主题性区域活动实际就是狭义的主题性区域活动。为了本书行文方便，除非特别注明，一般情况下主题性区域活动就是指狭义的主题性区域活动。

需要说明的是，主题性活动区中开展的所有活动不一定就是主题性区域活动。换言之，主题性活动区中只有那些和主题活动密切联系的活动才属于主题性

---

① 由浙江师范大学杭州幼儿师范学院附属幼儿园提供，在引用时根据需要对部分内容进行了调整与删减。
② 实践中，有的幼儿园会将大型班级中的所有幼儿分成两组，分别为A组和B组。在日常生活活动中，全班所有幼儿在一起活动。在集体活动中，一般以A组和B组为单位依次组织开展教育活动。具体说来，由一名教师带领A组幼儿开展某一内容的活动，与此同时，另一名教师带领B组幼儿开展另一内容的活动；然后，再由前一名教师带领B组幼儿开展前一内容的活动，由后一名教师带领A组幼儿开展后一内容的活动。至于A组和B组幼儿教育活动轮换的具体时间，可以在一天内轮换，也可以在不同天间轮换。

区域活动。比如，在"美丽的杭州·我的家乡"主题活动中，图书区作为主题性活动区，在其内开展的和西湖、杭州有关的活动属于主题性区域活动，而除此之外还有许多针对其他方面的图书开展的活动便不属于主题性区域活动。

二、主题性区域活动的特点

主题性区域活动作为一种和主题活动密切联系的区域活动，除了具有自由性、指导的间接性、自主性和个性化等区域活动的一般特点[①]外，还具有一些独特的特点。

（一）依存性

主题性区域活动不能脱离具体的主题活动而单独存在，必然依存于某一具体主题活动的诞生、发展与结束而相应地变化，这即是主题性区域活动的依存性。需要注意的是，主题性区域活动对主题活动的依存性往往并非同步，而是存在不同程度的超前或滞后现象。

实践中，开展某一新的主题活动之前，教师往往会在某一或某些活动区中投放相应的材料引发相应的区域活动，起到对新的主题活动的孕育作用。比如，在开展"玩磁铁"主题活动之前，教师往往会在科学区中事先投放一些磁铁，引导幼儿在自由玩耍磁铁的过程中激发对磁铁的兴趣并积累初步经验，为接下来"玩磁铁"主题活动的顺利开展奠定基础。在此过程中，科学区中的玩磁铁活动便属于主题性区域活动，和"玩磁铁"主题活动便构成了一种超前的关系。此外，某一主题活动结束后并非意味着主题性区域活动立即结束，往往会在主题性区域活动中继续持续一段时间，即是滞后现象。比如，在"有趣的滚动"主题活动结束后，教师经常还会在科学区中继续保留相关的滚动材料便于幼儿继续开展相关的探索活动，此时科学区中有关"滚动"的主题性区域活动和"有趣的滚动"主题活动便构成了一种滞后的关系。

---

① 王春燕，主编.幼儿园课程概论[M].北京：高等教育出版社，2007：185.

（二）动态性

主题性区域活动对某一具体主题活动的依存性，同时也就决定了它的动态性，主要体现在内容和种类两个方面。

内容的动态性主要体现为主题性区域活动内容会随着同一个主题活动的内容变化而相应地变化。比如，在小班"汽车叭叭"主题活动中，虽同是在美工区中利用各种材料设计制作"汽车"的主题性区域活动，但随着幼儿对汽车了解的不断深入以及材料的不断丰富，幼儿在美工区中会不断采用新的方式使用材料设计制作新的汽车，即这一主题性区域活动的具体内容发生着相应变化。

种类的动态性主要体现在三个方面：一是主题性活动区种类数量的动态性，即在主题活动的不同阶段，主题性活动区的数量不确定，具有动态性；二是主题性活动区种类性质的动态性，即某一具体的活动区在不同主题活动间的切换或同一主题活动的不同阶段，因其与主题活动之间关系的性质在"密切—松散"、"显性—隐性"、"直接—间接"三个维度上的变化而在主题性活动区和常规性活动区之间不断地转化；三是主题性活动区种类形态的动态性，即某一具体的主题性活动区因幼儿的参与与否而在潜在的主题性活动区和现实的主题性活动区[①]两种形态之间相互转化。

比如，在"滚动"主题活动中，教师为了引发"滚动"主题活动，在该主题活动开展之前，在科学区中投放了一些可乐罐、饮料瓶、木块等有关滚动的材料，引导幼儿在探索这些材料的过程中积累初步的有关"滚动"方面的经验，激发与培养幼儿对"滚动"活动的探索兴趣，进而孕育与催生"滚动"主题。此时，科学区便成为了主题性活动区。随着"滚动"主题活动的正式开展与不断深化，教师与幼儿会不断地搜集一些相关的图书、图片等资料，投放到阅读区中，进而

[①] 根据幼儿是否参与，主题性活动区可分为潜在的与现实的两种形态。潜在的主题性活动区，是指在活动区中投放了与主题相关的活动材料但幼儿不参与此活动区，或即使进入该活动区也不操作这些材料；现实的主题性活动区，是指那些既投放了与主题相关的活动材料，同时幼儿又参与其中并操作这些材料的活动区。

开展相关的阅读活动，或者带领幼儿制作有关"滚动"的图画书，此时阅读区便也成为主题性活动区。与此同时，幼儿还会在科学区中开展相关的探索活动，那么此时的主题性活动区主要有科学区与阅读区。

但在主题活动开展过程中，幼儿在某一段时间内可能不会再光顾科学区，或者即使光顾科学区也不再开展与"滚动"相关的探索活动，而是在阅读区中专注于"滚动"图画书的设计与制作，那么此时，科学区虽然还有关于"滚动"的活动材料但因失去了幼儿的参与而成为潜在的主题性活动区。如果因幼儿长时间不参与或者其他原因，科学区中不再保留有关"滚动"的活动材料，那么此时科学区便会因失去了与"滚动"主题的联系而不再是主题性活动区。随着主题活动的开展，幼儿不再满足于"滚动"图画书的制作，而是根据有关"滚动"的经验萌发了建构活动，如设计制作小汽车等，此时的建构区便成为主题性活动区。而当"滚动"主题结束后，教师可能会将相关材料继续留在科学区中供幼儿探索，此时的科学区又会因和"滚动"主题具有了联系而再次成为主题性活动区。

总之，主题性活动区的种类是随着具体的主题活动的开展而不断变化的。主题性活动区种类的动态性在"春天到"主题活动（见附录1-1）中也得到了较好体现：从科学区逐渐发展到美工区、计算区。

（三）生成性

主题性区域活动的动态性，在很大程度上决定了主题性区域活动在种类与内容等方面具有不确定性，即很难或者无法事先准确计划与确定，而是在具体主题活动开展过程中，在包括幼儿需要、兴趣等多方面因素共同作用下即时生成的，这即是主题性区域活动的生成性。诚如瑞吉欧教育体系创始人、意大利学前教育专家马拉古奇在谈到瑞吉欧学前教育的课程时所指出的那样，"我们知道的是，与幼儿一起共事，是三分之一的确定，以及三分之二的不确定与新事物……我们可以确定的是，幼儿随时准备好要帮助我们，他们可以提供给我们想法、建议、问题、线索以及遵循的途径；……所有的付出，加上我们所给的情境，形成一个完美的资源。"① 正是这种"完美的资源"决定了主题性区域活动何时出现、如何发展以及何时结束。

需要注意的是，强调主题性区域活动的生成性，并非意味着否定甚至反对教师事先的计划。恰恰相反，任何有价值的生成性恰恰需要内在的计划性，只是此时的计划是一种行动的指导而非指令，内在具有不确定性，可以而且应该随着具体情境的变化而随时变化。比如，在"春天到"的主题活动（见附录1-1）中，幼儿在野外寻找春天的活动中表现出的对泥土的极大兴趣，"帮助"教师决定在科学区中投放了泥土以及水和各种捣春泥的工具等玩春泥的辅助材料，这些共同构成了一个"完美的资源"，生成了诸多有关春泥的探索活动，进而使"科学区"活动由原来的常规性区域活动转化为了主题性区域活动。幼儿在科学区中的和泥活动又引发了对泥巴进行塑造的兴趣与活动，有的幼儿将泥分成一小块一小块的，做成圆形饼、三角形的饼、长条的麻花等，他们的操作重点逐渐转移到了对泥的塑造。教师在洞察到幼儿活动兴趣的转变后，通过提问"你们和了这么多的泥，要不把它们送到美工区去，让美工区的小朋友用泥来做好多的东西，好吗"将春泥的活动拓展到了美工区，进而将美工区活动也转化为了主题性区域活动。后来，由泥塑买卖引发了幼儿在计算区中的制作钱币活动，进而将计算区活动也转化为了主题性区域活动。在科学区活动、美工区活动和计算区活动从常规性区域活动转化为主题性区域活动的过程中，既有教师的计划与引导，更有幼儿的需要、兴趣等即时性因素，正是在多种因素的共同作用下，这些主题性区域活动才得以不断生成。

（四）并存性

主题性区域活动的并存性主要体现在种类与内容两个方面：一是种类的并存性，即主题性活动区与常规性活动区并存。具体地说，在某一主题活动背景下，并非所有活动区都是主题性活动区，而是有相当一部分活动区属于常规性活动

---

① Edwards，等，编著．儿童的一百种语文：瑞吉欧·艾蜜莉亚教育取向——进一步的回响[M]．罗雅芬，等，译．台北：心理出版社，2000：99．

区,两类活动区并存。二是内容的并存性,即某一具体活动区中的活动经常是主题性区域活动和常规性区域活动并存。具体地说,某一具体活动区中开展的活动经常并不全是主题性区域活动,或者全是常规性区域活动,而是有一部分属于主题性区域活动,有一部分属于常规性区域活动。比如,在"春天到"主题活动(见附录1-1)中,科学区中因有了春泥以及水等辅助材料,并由此引发了诸多和泥活动,从这个方面看,科学区活动就成了主题性区域活动。但此时的科学区中除了有关春泥的材料与活动之外,还有诸如物体沉浮等其他的科学探索材料与活动,从这个方面看,此时的科学区活动就是常规性区域活动。

第二节 主题性区域活动的基本定位与主要环节

主题性区域活动作为实践探索的结晶,必然被不同幼儿园的教师以不同的方式运用,这源于一线教师自身所持观念(包括儿童观、教育观等)的多样性。从理论的角度看,主题性区域活动又应如何定位呢?主题性区域活动的开展又涉及哪些主要环节呢?

一、主题性区域活动的基本定位:生态学的视角

"活动区仅仅是一种环境,一个场所,或者更形象地说是一个舞台,在这个舞台上演什么戏、如何演、演得怎样,并不取决于舞台本身。导演完全可以根据实际需要灵活地运用它。换句话说,如何利用活动区并不是一个独立的问题,而是与教育者所采用的课程模式密切联系在一起的。在不同的课程模式中,活动区的性质、地位和利用方式可以很不相同。"[①] 因此,不同的观念(包括哲学观、儿

[①] 冯晓霞,主编. 幼儿园课程[M]. 修订2版. 北京:北京师范大学出版社,2001:274.

第一章 幼儿园主题性区域活动概述

童观、教育观等)决定了对活动区的不同理解与使用,也就决定了对区域活动的性质与定位的不同。

生态学思想日益受到众多学科、研究者的青睐。生态学概念是由德国科学家恩斯特·海克尔于1866年首先提出的,起初主要是研究生物之间以及生物与其周围环境之间关系的一门科学。生态学思想的核心就是强调各种异质要素之间的互生、互补和互利性,彼此"相成"、"相济"、不断对话,由此而能"生物","故能丰长而物归之",在此过程中,各要素不断超越自身局限性,获得许多新质,并共同组成了一个内在具有不断自我改进、优化和完善机制的开放的生态系统。[①] 从生态学的视角出发,主题性区域活动又该如何定位呢?

(一)主题性区域活动和集体活动之间的积极互动与动态变化

长期以来,集体活动在我国儿童教育领域中居于主导地位,而作为"舶来品"的区域活动长期处于边缘地位。随着《纲要》的颁布实施,儿童在幼儿园教育中的"中心地位"逐渐得到确立和认可。在此背景下,区域活动逐渐受到重视,并逐渐取得了和集体活动同样重要的地位。

主题背景下的区域活动就是一种有益的尝试。主题背景下的区域活动主张区域活动与集体活动围绕同一个主题设计与开展,其重要价值在于将区域活动置于和集体活动同等重要的地位,并且通过同一个主题背景将二者联系在一起。但在实践中,区域活动和集体活动的联系往往是表面的,并且主旋律是平行关系,相交只是偶然现象。比如,在"美丽的杭州·我的家乡"主题(见表1-1)中,幼儿在集体活动中了解了西湖十景中的"曲院风荷",在建构区中搭建"曲院风荷",这是二者之间联系的表现,但接下来的时间里,二者就是"你走你的阳关道,我走我的独木桥"了。具体地说,建构区中的幼儿在区域活动时间一直搭建"曲院风荷",但集体活动时间学习的则是诸如杭州特产、有关西湖的诗歌等方面的内容。

[①] 秦元东. 生态式幼儿园区域活动初探 [J]. 学前教育:幼教版,2006(3):12-13.

从生态学视角出发，主题性区域活动和集体活动之间应在平等基础上积极互动与动态变化。其中，积极互动主要是指主题性区域活动和集体活动之间在活动内容方面形成一种相互激发与促进的良性循环，进而促进幼儿活动内容的不断丰富与深化；动态变化主要是指主题性区域活动和集体活动在开展时机、种类、内容、持续时间等方面是不断变化的。① 比如，在"美丽的杭州·我的家乡"主题活动中，当教师发现建构区中幼儿搭建的"曲院风荷"停滞不前时，就应组织相应的集体活动以丰富幼儿关于"曲院风荷"的知识，明确如何进一步改善他们搭建的内容，以便幼儿在更高的水平上进行搭建；当幼儿又出现停滞不前时，教师再次针对幼儿遇到的共性问题开展相应的集体活动，然后再帮助幼儿在更高的水平上搭建……在主题性区域活动与集体活动之间形成积极互动与动态变化的良好关系。②

（二）主题性区域活动和常规性区域活动之间的相对区分与动态转化

主题性区域活动和常规性区域活动是一对概念，二者之间的差异源于各自和主题活动之间关系的不同。其中，主题性区域活动和主题活动之间的关系是密切的、显性的与直接的；而常规性区域活动和主题活动的关系是相对独立的。但这并不意味着常规性区域活动完全独立于主题活动并和主题活动之间没有任何关系。事实上，儿童在主题活动中获得的知识经验、得到发展的能力水平必然会对常规性区域活动的内容、水平等产生影响，只不过这种影响是松散的、隐性的与间接的。

主题性区域活动和常规性区域活动是根据其和主题活动之间的关系在"密切—松散"、"显性—隐性"、"直接—间接"三个维度上的差异划分的。这种差异并非有与无的质的差异，而是多与少的量的差异。具体地说，当"密切"、"显性"、"直接"在关系中所占的比重多于"松散"、"隐性"、"间接"时，就倾向于

---

① 秦元东，王春燕. 幼儿园区域活动新论：一种生态学的视角[M]. 北京：北京师范大学出版社，2008：36.
② 秦元东，王春燕. 幼儿园区域活动新论：一种生态学的视角[M]. 北京：北京师范大学出版社，2008：22-23.

主题性区域活动一端，反之则倾向于常规性区域活动一端。因此，主题性区域活动和常规性区域活动之间的划分是相对的。这就决定了实践中的具体区域活动在这些维度上往往并非处于某一极端，而是经常处于维度上中间地带的某一位置。因此，实践中的具体区域活动构成了一个"主题性—常规性区域活动连续体"（见图1-1）。

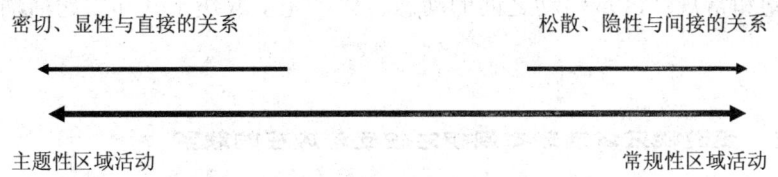

图1-1　主题性—常规性区域活动连续体

主题性区域活动和常规性区域活动之间划分的相对性，决定了二者之间可以经常相互转化。如图1-1所示，实践中的具体区域活动随着其和主题活动的关系在"密切—松散"、"显性—隐性"、"直接—间接"三个维度上的变化，在"主题性—常规性区域活动连续体"上的位置也会发生相应的变化。具体地说，可能会从原来的常规性区域活动逐渐转化为主题性区域活动，也可能会相反。比如，在"牛伯伯你好"主题活动中，建构区活动因与主题活动的关系是松散的、隐性的与间接的而属于常规性区域活动；但在"建筑工人辛苦了"主题活动中，因建构区变成了"建筑工地"而和主题活动发生了密切的、显性的与直接的关系，进而转化为主题性区域活动。

主题性区域活动和常规性区域活动之间的动态转化主要发生在两种情况下：一种情况是主题活动发生切换时，即新的主题活动替换了旧的主题活动，此时，旧的主题活动背景下的主题性区域活动往往会因和新的主题活动的关系倾向于"松散"、"隐性"和"间接"而转化为常规性区域活动；同时，旧的主题活动背景下的常规性区域活动也会因和新的主题活动的关系倾向于"密切"、"显性"和"直接"而转化为主题性区域活动。另一种情况是随着同一个主题活动的逐渐开展，具体区域活动和此主题活动的关系也会发生变化。比如在小班"汽车叭叭"

主题活动的开始阶段，重点是帮助幼儿了解汽车，此时美工区活动中因没有相关内容而属于常规性区域活动；随着主题活动重点从了解汽车转变为表现汽车，美工区活动中因出现了幼儿利用材料（如牙膏盒、牙签、硬纸板等）设计制作小汽车的活动而转化为主题性区域活动。同理，同一个区域活动也可能会随着同一个主题活动的不断开展而从主题性区域活动转化为常规性区域活动。总之，主题性区域活动和常规性区域活动之间的动态转化，完全取决于其和主题活动的关系变化。

（三）主题性区域活动之间相对独立与内在的联系

区域活动是以幼儿的需要、兴趣为主要依据，并考虑幼儿园教育目标、正在进行的其他教育活动等多种因素，划分一些活动区，如积木区、表演区、科学区等，在其中投放一些适合的活动材料，制定活动规则，让幼儿自由选择活动区，通过与活动材料、同伴等的积极互动，获得个性化的学习与发展。[①] 因此，每个活动区都是一个相对独立的空间，幼儿在其中开展的区域活动也是相对独立的。这对于主题性区域活动而言同样如此。不同的主题性区域活动虽然都和主题活动具有密切、显性与直接的关系，但彼此之间是相对独立的。比如，在"伞"的主题活动中，"伞面装饰"、"伞的商店"、"伞的制作"等每个主题性区域活动均有各自相对独立的活动区、活动材料和活动内容，彼此之间相对独立。这种相对独立性也是区域活动自由性、自主性和个性化等特点的重要体现和保障。

不同的主题性区域活动相对独立的同时，又是互利、互补与互生的关系。正是在这种内在有机联系的过程中，不同的主题性区域活动相互激发、挑战与促动，进而促使主题性区域活动得以不断丰富与深化。比如，在"伞"的主题活动中，"伞面装饰"、"伞的商店"、"伞的制作"等主题性区域活动在开始阶段可能是相对独立、互不发生联系的，但是在活动发展过程中，一个偶然的因素催生了

[①] 秦元东，王春燕. 幼儿园区域活动新论：一种生态学的视角 [M]. 北京：北京师范大学出版社，2008：1.

它们之间有意义的内在联系：一名到"伞的商店"买伞的"顾客"①向"店员"抱怨道："你们店里伞的品种太少了，尤其是伞面不够漂亮。""店员"忙解释道："是的，我们也正在想办法，你有什么好的建议吗？"这位"顾客"继续说道："我在'伞面装饰区'就看到过许多装饰一新的漂亮的伞面，你们何不从那里进货呢？"后来，商店"采购员"特意到"伞面装饰区"看个究竟，果然发现了许多漂亮的装饰好的"伞"，于是就"采购"了一些。后来，"采购员"又根据"顾客"的要求向"伞面装饰区"中的"工作人员"定做伞……由此，"伞的商店"和"伞面装饰"两个主题性区域活动之间便发生了有意义的内在联系。正是在这种联系中，"伞的商店"中"伞"的品种和花样更多了，能更好地满足"顾客"的需求；"伞面装饰"也因要向"伞的商店""供货"，而对幼儿装饰伞面的活动提出了新的要求与挑战。总之，"伞的商店"与"伞面装饰"两个主题性区域活动在内在联系中实现了双赢。

（四）主题性区域活动和家庭、社区之间在平等基础上相互作用

包括主题性区域活动在内的幼儿园教育并非处于真空之中，而是处于一个社会系统之中，受到园外各种因素的影响，其中家庭、社区是不容忽视的重要影响因素。主题性区域活动的有效顺利开展，离不开家庭、社区的积极参与。

家庭、社区不是被动的资源提供者，而应在平等基础上和主题性区域活动相互作用。唯有如此，家庭、社区丰富的、潜在的教育资源才能得到最大限度的发掘与利用。比如，在一次美工区的"装饰大皮靴"活动中，教师投放了很多收集来的皮靴，并进行了相应的氛围创设，使美工区充满了强烈的色彩和各异的图形。丹丹妈妈看到这些时，向教师询问了活动的主要目的，之后提出了自己的想法。她认为对于色彩、图形的装饰，可以通过让孩子们欣赏色彩对比强烈的图画

---

① "顾客"在引发"伞的商店"与"伞面装饰"这两个主题性区域活动之间产生有意义的内在联系过程中起到了关键作用。当幼儿无法胜任这一角色时，可以由教师扮演。随着经验的不断丰富，幼儿逐渐会萌发与养成在主题性区域活动之间发生内在联系的意识和能力。那时，幼儿便可以自己扮演诸如本案例中"顾客"这样的重要角色了。

或观看有关图形布局的光盘来帮助他们形成初步的认识，然后再开展此项活动。第二天，丹丹妈妈拿来了有关图形布局的光盘、几幅印象派大师的作品以及现代广告画，与教师一起对美工区进行了再布置，并一起设计了记录单。①

主题性区域活动在与家庭、社区平等地相互作用中，才能顺利有效地开展，内容也才能得到不断的丰富与深化。比如，在上述"伞"的主题活动中，幼儿要根据"顾客"的要求进行"定做"的任务。此时，仅凭原有的知识经验，幼儿很难应对这些新任务的挑战。这就需要教师组织幼儿到社区的伞厂或商店参观，重点留意和收集各种装饰漂亮、图案和风格多样的伞面；同时，还可以邀请家长通过图书、网络等多种途径帮助幼儿收集。正是在与家庭、社区的积极互动中，丰富了幼儿有关伞面装饰方面的知识经验，帮助幼儿能更有效地应对挑战，进而促进与深化了主题性区域活动"伞面装饰"和"伞的商店"之间的内在联系，最终丰富与深化了主题性区域活动。

二、主题性区域活动的主要环节

主题性区域活动的开展是一个复杂与灵活的过程，没有统一固定的模式。一般情况下，主题性区域活动的开展主要涉及七个环节，即主题性活动区种类的确定、空间的调整、材料的投放、活动开展时机的把握以及活动的观察、指导与评价。

在主题性区域活动的实践中，这七个主要环节并非以线性方式依次展开，而是相互交织在一起多次重复出现。比如"主题性活动区种类的确定"这一环节并非仅在最初阶段出现，而是贯穿于整个主题性区域活动实践的始终，应根据主题活动开展的需要随时增加或删减主题性活动区的种类。比如，在"汽车"主题活动中，开始时仅有幼儿利用自带的汽车玩具搭建的"汽车城"和利用自带的图书布置的"阅读区"两个主题性活动区；随着主题活动发展的需要，逐渐出现了利用"汽车城"里的汽车开展"赛车"活动的"赛车场"、修护"赛

---

① 改编自：陈家行. 在区域中成长——对幼儿园区域的实践与反思[M]. 北京：中国社会出版社，2004：55.

车"的"修车厂"、供"司机"休息的"司机之家"等主题性活动区。在此过程中,也有一些主题性活动区(如"阅读区")因逐渐失去了和主题活动的联系而转化为常规性活动区。

附录1-1 从玩春泥说起[①]

镜头一

有一次,教师带领幼儿去户外寻找春天,小朋友们兴致盎然。忽然,有个幼儿蹲在地上不知在干什么。教师走近一看,只见他正在用双手挖着泥土。教师问:"你在干什么呀?"他抬头对老师说:"我在玩泥,春天的泥土特别黏。"是的,春雨下过之后,泥土显得又湿又黏。看着幼儿对泥土如此乐于探索,教师于是把泥土拿到了科学区中,又提供了水和各种捣春泥的工具等辅助材料,让幼儿玩玩泥土,探索春泥的特性。

这天,睿睿和亦陈在科学区进行春泥的操作。睿睿拿了一团春泥(因为是从野外挖掘来的,已经放了几天,有些干了),放在一个小碗里,然后用一把塑料小刀把春泥切碎。开始的时候,他很费力,因为干泥很坚硬,他切了很长时间也没把春泥给弄碎。忽然,他好像想到了什么,在装水的小碗里舀了一勺水放在春泥上,然后再切,这些泥因为碰到水后软化了,就好弄碎了。不一会儿,睿睿把小碗中的泥都弄碎了,接下来他开始和泥。他舀了几勺水放在碗里,然后用一个圆形的积木来搅拌,搅拌了很长时间后,他发现泥都粘在了积木上,于是他干脆用手来弄,结果双手也都粘上黏黏的泥巴。开始的时候,睿睿还有些不习惯,但过了一会儿之后,他就和得非常起劲了。可是水太多、泥巴太稀了,他于是就又加了些干泥。当他和的泥都黏成一团的时候,他兴奋地跟旁边的亦陈说:"我和的泥成功了,黏成一团了。"这时,亦陈还没有完成。睿睿看了一下亦陈和的泥,就对他说:"你的泥太干,再加点水试试。"于是,亦陈又加了些水,可一下子加得太多,使泥巴变成了泥浆。睿睿又说:"不行,太稀了,要加点干泥了。"在经过多次尝试之后,亦陈的泥也和成功了,他们俩高兴地不停地捏着自己和成功的泥巴。玩着玩着,他们又把泥巴分成一小块一小块的,并做成了圆形、三角形的饼,还做了长条的麻花,他们的操作重点转移到了对泥的塑造方面。

[①] 由浙江省慈溪市实验幼儿园的张葵葵老师提供,在此表示感谢。

案例分析

科学区中"春泥"的材料,是教师根据主题活动"春天到"特有的内容与幼儿的兴趣点投放的,深受幼儿的喜欢。玩是幼儿的天性,而泥巴更是幼儿在日常生活中很少接触的材料,教师把它放在活动区中,让幼儿产生了浓厚的兴趣。刚开始有些幼儿还不敢下手,毕竟泥巴非常的脏。但一旦玩了,他们也就放开了,从用辅助物玩泥,到后来干脆用双手玩泥。在玩泥的过程中,由于幼儿的经验不同,他们和泥的感受也不一样。有些幼儿要探索多次才能成功,而有些幼儿很快就完成了。不同的工具材料也为幼儿探索和泥提供了条件,使幼儿在探索中更具有了趣味性和探究性。案例中睿睿能通过自己的探索成功和泥,而亦陈则是在多次探索之后才成功的。当探索完成之后,幼儿把操作的兴趣点放在了玩和好的泥上——把和好的泥塑造成不同的形态。此时,教师是否可以对活动进行延伸和拓展呢?

镜头二

在一次次的操作中,幼儿对和泥的技巧掌握得更好了,不一会儿就能和出许多泥巴。一次,雨哲和栋栋在玩春泥,他们和了好多的泥巴,并把它们整齐地放在一个盘子里。之后,他们又把所有和好的泥捏了又捏、团了又团,玩得不亦乐乎。见状,教师走过去对他们说:"你们和了这么多的泥,要不把它们送到美工区去,让美工区的小朋友用泥来做好多的东西,好吗?"雨哲和栋栋满口答应,并用双手端着盘子,把自己和好的泥送到了美工区。美工区的奇奇和妍妍拿到同伴送来的泥巴,高兴极了,开始大干起来。雨哲和栋栋看到自己和好的泥被做成了各种不同的东西,对教师说:"老师,还有没有干泥?我们还想再和泥,送更多的泥巴给美工区的小伙伴做东西。"教师在幼儿的要求下,继续给他们提供了干泥,他们又进入了和泥的探索之中。美工区的奇奇和妍妍不一会儿功夫,就把泥巴捏成了各种物品,有杯子、篮子、饼干、馒头等,并把它们摆放在柜子上。

泥塑越来越多了,奇奇看着这些泥塑作品,忽然叫卖起来:"卖饼干了,快来买饼干啦!"他的叫卖声引来了许多小朋友来买泥塑作品。奇奇说:"1 块钱一块饼干。"钱呢？从哪来呢？有幼儿就在计算区拿了一些纸和笔，做好了钱币的标记，到美工区去购买泥塑作品。就这样，幼儿从科学区的玩泥逐渐延伸到美工区的泥塑再延伸到计算区的制作钱币与购买泥塑，主题性区域活动的开展得以更丰富、深化与活跃。

案例分析

　　区域活动在幼儿的不断互动中生成新的内容，产生不同的活动目标，主题性区域活动在主题开展的不同活动阶段则会产生不同的主题活动内容和目标，这在上述案例中得到了体现。镜头二中，在教师的引导下，雨哲和栋栋的和泥活动延伸到了美工区，让美工区的幼儿来塑泥，发展了幼儿的塑造能力和创造能力。在塑泥过程中，幼儿又产生了买卖泥塑的想法。于是，在计算区活动中，幼儿自己制作钱币，1元、5元……他们在买卖泥塑的活动中，学习了数量的兑换，发展了交往能力。

第二章 主题性活动区种类的确定与设置要点

主题性活动区种类的确定是主题性区域活动实践的起点与基础。本章将探讨主题性活动区种类确定的影响因素与一般程序，进而具体介绍幼儿园常见的主题性活动区。

第一节 种类的确定

对主题性活动区种类的影响因素以及确定的一般程序等基本问题的探讨，是实践中确定与调整主题性活动区的种类，进而更顺利与有效地开展主题性区域活动的理论基础。

一、种类确定的"需要性原则"

确定主题性活动区的种类时，教师需要在综合考虑主题活动开展的需要、幼儿活动的需要、教师确定的教育目标的需要等基础上不断生成与调整。比如，在"汽车"主题活动中，幼儿从家中自带了许多汽车玩具，开始时是随意堆放在活动室的一个角落，随着幼儿自带的汽车玩具的不断增多与无序堆放，幼儿寻找自己喜欢的汽车玩具的难度不断增加，由此幼儿产生了一种将汽车玩具有序摆放的需要。同时，汽车玩具的分类摆放也符合主题发展的内在需要与教师确定的教育目标的需要。为此，主题性活动区"汽车展览馆"便应需要而诞生了。随着该主题活动的不断开展，幼儿逐渐萌发了利用赛车玩具开展赛车活动的兴趣，主题性活动区"赛车场"由此而建立。在赛车过程中，不断出现赛车突发故障需要修理的现象，由此又出现了主题性活动区"汽车修理厂"。在修车过程中，"司机"无事可做，想要有一个休息等待的地方，于是主题性活动区"司机之家"随即产生了。"汽车展览馆"、"赛车场"、"汽车修理厂"、"司机之家"等主题性活动区均是应多方面的需要而生成的。这种主题性活动区种类确定的"需要性原则"在"春天到"主题活动（见附录1-1）中也得到了较好体现。

二、种类确定的主要影响因素

主题性活动区的种类确定虽然需要遵循"需要性原则"，但并非意味着其种类的确定完全是随机的与不可把握的。事实上，主题性活动区种类的确定主要受到主题、幼儿与教师等因素的影响与制约。

（一）主题

既然主题性活动区是依存于主题活动的，其种类的确定必然首先受到具体主题活动产生与发展的影响与制约。比如，在"春天到"这一主题活动（见附录1-1）中，教师正是因为深刻洞察与把握了"幼儿对春泥的关注与探索"这一主题活动发展新动向，才将春泥及其他辅助材料投放到了科学区中，使幼儿探索春泥的活动得以持续。由此，主题性活动区"科学区"便诞生了。

（二）幼儿

主题活动产生与发展的内在需要只是主题性活动区种类产生与确定的必要条件，此时的主题性活动区只是潜在的。只有当此主题性活动区真正被幼儿所喜爱与参与时，才能从潜在的转化为现实的。因此，幼儿的兴趣、需要以及相应的活动，是主题性活动区种类确定的另一重要影响与制约因素。在"春天到"主题活

第二章 主题性活动区种类的确定与设置要点

动（见附录 1-1）中，教师根据主题发展的需要在科学区中投放了有关春泥的材料，此时的科学区只是潜在的主题性活动区；只有当幼儿乐意进入此科学区并积极开展春泥的探索活动时，科学区才真正成为现实的主题性活动区。

此外，在主题活动开展过程中，幼儿的经验、需要与兴趣也会影响甚至决定主题活动发展的方向，进而影响甚至决定主题性活动区种类的确定。在"春天到"主题活动（见附录 1-1）中，主题性活动区"美工区"中的幼儿制作的泥塑作品越来越多，一幼儿无意间的叫卖声"卖饼干了，快来买饼干啦"引来了许多幼儿前来买泥塑。在泥塑买卖过程中，因"钱"的缺乏而引发了幼儿制作钱币的需求。由此，幼儿来到计算区开始了制作钱币，使泥塑买卖活动得以顺利开展。在此过程中，幼儿买卖泥塑作品的活动以及由此引发的制作钱币的活动兴趣与需求，使计算区成为了主题性活动区。

（三）教师

主题性活动区种类的确定除了受到主题与幼儿的影响与制约之外，教师也是一个重要因素。主题性区域活动作为一种幼儿园教育活动，必然具有计划性，符合并能达成一定的教育目标。因此，教师事先制订的教育目标，尤其是单元主题目标对主题性活动区种类的确定也就具有了重要的指引性与导向性作用。

教师事先制订的所有教育目标，必须符合美国教育家杜威所说的良好目的的三条标准：一是"所确定的目的必须是现有情况的产物。这个目的必须以对已在进行的事情的研究为依据，还应根据所处情境的各种力量和困难。"二是"最初出现的目的不过是一种试验性的草图。努力实现这个目的的行动才能测验它的价值……所以，目的必须是灵活的；它必须可以更改以符合情况的要求。"三是"我们所定的目的必须使活动自由开展。"① 实践中，教师需要做到"心中有目标，眼中有幼儿"，根据对主题活动发展需要以及幼儿兴趣与需要的深刻洞察与把握，在事先制订的教育目标的指引下，通过提问、材料投放等方式引导幼儿进入某一

---

① 约翰·杜威. 民主主义与教育 [M]. 修订 2 版. 王承绪，译. 北京：人民教育出版社，2001：115-116.

活动区并开展相关的探索活动，进而将此活动区转变为主题性活动区。需要注意的是，教师的提问、材料投放等引导作为一种外部影响因素，只有被幼儿所接受并转化为具体的区域活动，才能最终实现对主题性活动区种类确定的影响作用。比如，在"春天到"主题活动（见附录1-1）中，当教师发现幼儿在主题性活动区"科学区"中对和泥进行了多次探索，然后开始将操作重点自发地转移到对泥的塑造后，便在一次操作中顺势而为，通过提问"你们和了这么多的泥，要不把它们送到美工区去，让美工区的小朋友用泥来做好多的东西，好吗"非常自然地将春泥的活动拓展到了美工区，并得到了幼儿的积极响应，引发了美工区中幼儿的泥塑活动，进而使美工区转变成为主题性活动区。

三、种类确定的一般程序

主题性活动区种类的确定在根本上是灵活的，没有固定模式。但在综合分析主题、幼儿与教师等主题性活动区种类确定影响因素的基础上，我们还是能从中梳理出一些规律性的东西。总体看，主题性活动区种类的确定主要包含以下四个环节（见图2-1）。

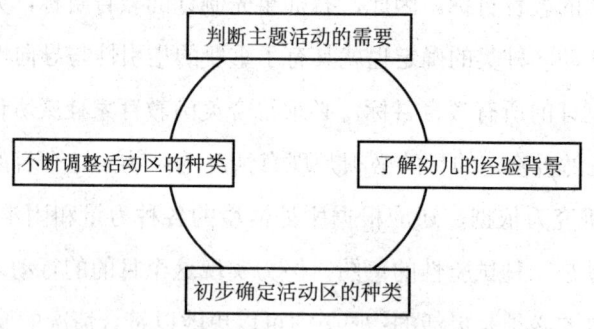

图2-1 主题性活动区种类确定的循环过程

（一）判断主题活动的需要

在确定主题性活动区种类的过程中，教师首先要分析、考虑与判断主题活动的需要。一般情况下，在一个新的主题活动孕育阶段，教师要分析与判断新主题孕育与生成的内在需要与条件，主要包括幼儿的兴趣萌发与经验准备。比如，在"磁铁"的主题中，首先要让幼儿初步接触磁铁，在玩磁铁的过程中萌发对磁铁奥秘的好奇心与探索欲望，同时积累初步的有关"磁铁"的经验。在幼儿具备了相应的兴趣和经验的基础上，"磁铁"主题便会应运而生。在一个主题活动的展开与拓展阶段，教师要洞察与把握主题活动发展的内在需要与新的动向，顺势而为，确定相应的活动区，这在"春天到"主题活动（见附录1-1）中得到了较好体现。

（二）了解幼儿的经验背景

教师应了解幼儿的经验背景，洞察与把握蕴含其中的未来发展动向，找到幼儿活动的动向与主题活动发展动向之间的契合点，顺势生成与确定主题性活动区。在"春天到"主题活动（见附录1-1）中，幼儿在科学区中进行了多次的和泥探索后对泥塑的兴趣与关注，为主题性活动区"美工区"的生成指明了方向，而这一方向也符合主题发展的需要，二者共同作用，就使主题性活动区"美工区"的生成成为了必然。同样的，美工区中幼儿制作泥塑后无意中突发的叫卖声，预示了幼儿新的活动兴趣与需要，最终生成了主题性活动区"计算区"。总之，幼儿的已有经验背景，不仅包含着幼儿已经获得的经验，更是预示与蕴含着幼儿未来发展的动向。这恰恰是主题性活动区从潜在状态转化为现实状态所必需的。

（三）初步确定活动区的种类

在判断了主题活动的需要，分析了幼儿经验背景的基础上，找到主题活动发展的内在需要与新的动向，以及与幼儿未来活动的需要与动向之间的契合点，就可以初步确定主题性活动区的种类了。在"春天到"主题活动（见附录1-1）中，春泥是对春天主题内容的拓展与丰富，符合"春天到"主题活动的发展需要；同时在寻找春天的野外活动中，幼儿对春泥自发的兴趣与探索，预示了幼儿的活动需要，即探索春泥。于是，春泥就成为了主题需要和幼儿未来活动需要之间的契合点，为此，教师在科学区中投放春泥、水等相关材料，就自然而然地得到了幼儿的响应，使科学区成为了现实的主题性活动区。

（四）不断调整活动区的种类

主题性活动区种类的确定不是一劳永逸和一成不变的，而是随着主题活动的发展需要以及幼儿兴趣与需要的变化而相应调整。这种调整既包括种类数量的调整，即增加或减少；也包括种类性质的调整，即在主题性活动区与常规性活动区之间的转化；还包括种类形态的调整，即在潜在的与现实的两种形态之间的转化。总之，主题性活动区种类的调整贯穿于整个主题活动的始终，包括孕育、拓展与延伸等不同阶段。

主题性活动区种类确定的以上四个环节的顺序并非严格固定不变的，尤其是前两个环节，在实践中经常是相互交织、影响与制约的。比如，为了顺应主题活动的发展需要，教师可能会通过投放材料、提问等多种方式引导或者影响幼儿活动的兴趣、需要与走向；与此同时，幼儿在实践中表现出的活动兴趣、需要与动向，如果符合教育目标，又往往会生成新的主题活动内容，进而影响甚至决定主题活动的发展需要与走向。因此，在确定主题性活动区种类的过程中，这两个环节的顺序是可以灵活调整的。此外，第四个环节"不断调整活动区的种类"贯穿于整个主题活动始终，它既是主题性活动区种类确定程序中的终点，也是新的主题性活动区种类确定循环的起点。总之，主题性活动区种类的确定不是线性的，而是不断循环往复的圆形的。

第二节 主题性活动区的设置要点

幼儿园中的活动区种类较多，常见的有角色扮演区、语言阅读区、科学探索区、美工创意区、数学区、棋类区、建构区、沙水区等。根据其与主题活动的关系可以相对划分为常规性活动区和主题性活动区两大类。本节将结合实践较为深入地分析幼儿园中常见的主题性活动区以及不同年龄段主题性活动区的设置要点。

一、常见的主题性活动区的设置要点

幼儿园中常见的主题性活动区中，有些活动区中的活动与主题活动关系非常密切，往往与主题活动同步进行，和主题活动发生直接联系，是主题活动中不可分割的一部分；而有些活动区中活动的推进主要是受儿童经验的影响，但也会与主题活动发生间接联系。因此，根据和主题活动关系的直接与否，可以将幼儿园中常见的主题性活动区分为直接的主题性活动区和间接的主题性活动区两大类。

（一）直接的主题性活动区

幼儿园区域活动中，有时会因为科学区中幼儿发现的一个科学现象而引发出一个新的主题活动，有时幼儿在主题活动中获得的经验需要在语言区来实践以推动主题的发展，也有时主题活动会在若干活动区中得到拓展与延伸。实践中，总有一些活动区中幼儿开展的活动与当下正在进行的主题活动内容同步进行，且关系直接，是主题活动的重要组成部分。这类主题性活动区被称为直接的主题性活动区，常见的主要有科学探索区、语言阅读区和美工创意区。

1. 科学探索区

科学探索区往往能帮助幼儿通过探究活动，积累与主题相关的知识经验。教师通过创设宽松的环境，引导幼儿运用多种感官、多种方式进行探索与尝试，激发他们对身边常见事物和现象的特点、变化规律的兴趣和探究欲望，鼓励他们通过小组讨论与探索等，大胆提出问题，发表不同意见，并学会用多种方式表现、交流、分享探索的过程和结果。科学探索区比较适宜设置在廊檐、窗台等阳光充足及空气流通的地方，便于动植物生长，也便于幼儿观察。

科学探索区中主要开展以下两大类活动：一类是自然探索活动，如种植植物、喂养动物并尝试初步记录；一类是实验探索活动，如认识简单的自然、科学现象，并进行探索。相应地，科学探索区就可以被划分为自然探索区和实验探索区两类。

(1) 自然探索区

自然探索区是大自然的一个缩影。在自然探索区中，幼儿在种植植物和亲身参与饲养小动物的过程中，观察与探究动植物生长的物质条件，了解动植物的基本特征，探究植物、动物、人类三者之间的相互依存关系。因此，教师应提供丰富的材料，便于幼儿开展种植和饲养活动。就种植植物而言，教师应提供种植所需的用具，如铲子、用塑料瓶自制的水壶和用废旧塑料瓶替代的容器等；还要提供一些容易护理的、具有较强观赏价值的、无毒无刺的常见植物，如绿萝、石竹、一品红、菊花等。就饲养动物而言，班级自然探索区中养殖的动物主要是幼儿观察的对象，以培养幼儿观察的习惯，帮助他们学习简单的观察技能。因此，教师可以选择个体较小、容易饲养又便于幼儿观察的小动物，如乌龟、小金鱼、兔子、小蝌蚪和蚕宝宝等。教师还可以根据主题活动来选择饲养哪种小动物，比如小班主题活动"亲亲小动物"中有关于乌龟和小鱼的内容，教师就可以提供这两种小动物，引导幼儿着重观察；中班主题活动"春天到"中有关于小蝌蚪和小蜗牛的故事，相应地就可以把饲养与观察的重点放在这两种小动物身上。值得注意的是，教师应提醒幼儿在观察中注意安全、卫生，不要用身体接触小动物。如有必要，可配备手套、口罩等用具。

幼儿的年龄特点不同，自然探索区的材料提供也应有所不同。小班幼儿宜种植或养殖便于观赏的植物和动物；中、大班幼儿可尝试在比较长的时期内对本活动区的动植物进行有针对性的、系统的观察，也可以通过跟踪观察，了解动植物的生长过程。教师还可以提供两种同类动物供幼儿同时饲养，比如金鱼与其他鱼、乌龟与甲鱼等，便于幼儿有比较地观察。此外，在中、大班，教师还要提供观察记录本，并帮助幼儿学会简单的记录手段，如通过绘画记录；还可以用数码照相机拍下照片储存在计算机中，协助幼儿做记录。

(2) 实验探索区

实验探索区为幼儿提供了一个初步了解当代科技现象的机会。教师可以根据主题活动的开展更换实验的材料和内容，激发幼儿操作实验的愿望，提高他们的动手能力，激发他们对科学现象的兴趣。比如，在小班主题活动"冬天里"，教师可以在实验探索区投放冰块、小碗、热水、凉水、吸管、棉手套、取暖器、吹风机等材料，鼓励幼儿积极尝试小实验"冰不见了"，比较哪种方法使冰融化得更快。又如在主题活动"奇妙的水和风"中，教师可以提供放大镜和吸管，供幼儿做小实验，以了解水的特性；还可以投放各种充气玩具及制作充气玩具的材料，如打气筒、气球、塑料袋、软塑料瓶等，引导幼儿玩"抓空气"、"造风"等游戏。

教师应充分关注幼儿在科学探索区中所积累的经验，进而发挥这些经验在主题活动中的作用。比如，教师可以从春季开始就引导幼儿选择周围环境中的2~3棵树（最好是不同种类）作为重点观察对象，不断提醒他们观察树发芽、长叶、开花、结果、落叶的全过程，并将观察结果记录下来，使他们真切地感受到不同树种之间的差异和各自的变化过程。在主题活动"我们的树朋友"中，即可进行经验的梳理和提升。教师还可根据相应的主题活动来调整科学探索区中的材料与活动内容，比如结合主题活动"秋天来了"补充盆栽萝卜、瓶插桂花，还可以摆放秋天形形色色的落叶、红红绿绿的水果等。

2．语言阅读区

阅读故事、散文等文学活动是主题活动中的重要组成部分，语言阅读区的开设能帮助幼儿复习巩固主题活动中的相关文学作品，并且通过开展其他相关的各类活动深化主题。教师通过创设自由、宽松的语言环境，鼓励幼儿大胆、清楚地表达自己在主题活动中的想法和感受，尝试说明、描述简单的事物或过程，发展语言理解能力、表达能力和思维能力，养成注意倾听的习惯，体验使用语言的乐趣。通过提供图书、图片等多种方式，培养幼儿对生活中常见的简单标记和文字符号的兴趣，进而激发幼儿对书籍、阅读和书写的兴趣，培养幼儿的前阅读和前书写技能。语言阅读区比较适宜设置在光线充足、环境安静的地方，设备的安放要有利于幼儿一起阅读和交流，最好能同时容纳4~6名幼儿参与活动。语言阅读区中的活动内容主要分为"听说"活动与"阅读"活动两大类。

(1)"听说"活动

"听说"活动，主要是指教师通过提供图片、指（棒）偶、录音机、耳机、故事磁带（教师可指导幼儿学会播放故事录音），引导幼儿欣赏自己喜欢的故事，或对主题活动中接触到的故事、儿歌进行复习，学习复述、表演，以培养幼儿对文学作品的兴趣和听说的能力。教师可以为中、大班幼儿提供复读机，引导幼儿跟着录音提示操作、讲述活动内容，在此基础上，用复读机录下自己讲述的内容，在提高幼儿的兴趣的同时为教师检查与指导提供方便。教师应随时关注主题活动的开展情况，并提供相应的听说材料。比如，在主题活动"春天到"中，提供故事《小蝌蚪找妈妈》和散文诗《春雨的色彩》以及其中涉及的人物形象的指偶、头饰等，供幼儿操作表演和诵念；在主题活动"我长大了"中，可以让幼儿将小时候的照片和小时候用过的各类物品放到语言阅读区中，鼓励幼儿交流自己的成长故事；在主题活动"我们的祖国叫中国"中，投放《我是三军总司令》的创编材料和投掷游戏《我们去过的地方》的相关材料，用玩掷骰子的游戏鼓励幼儿互相交流中国各地的名胜。

(2)"阅读"活动

"阅读"活动，主要是指教师通过提供图书与图片，引导幼儿阅读或进行与阅读相关的语言游戏，丰富他们的主题活动经验，提高其阅读能力。教师提供的材料可以是与主题活动相关的图书，比如在主题活动"我们的祖国叫中国"中，投放中国地图小册子或者有关"中国之最"的图书资料，供幼儿进一步了解中国的版图和中国的宝贝。再比如在主题活动"过新年"中，提供一些诸如《十二生肖的故事》等经典故事书，引导幼儿阅读。教师还可以提供一些用于拼图或排图的图片。比如在主题活动"勤劳的人们"中，投放故事《三只小猪》和《大狗医生》的故事图片各一套，将它们打散放在一个盒子里，供幼儿选择、排列、制作小故事书来阅读。

教师应注意及时根据主题活动的推进、调整、变化来调整语言阅读区中的材料，尤其是注意及时收集、调整图书内容，以满足幼儿不断增长的阅读需求；同时，应注意引导与提醒幼儿养成爱护图书、整理图书的习惯。

3. 美工创意区

美工创意区的开设给幼儿提供了自由表现的机会，能帮助幼儿将他们在主题活动中习得的经验，通过不同的艺术形式进行充分地表达。教师应在美工创意区中提供各种类型的美工材料，为幼儿了解不同美工材料和工具的特性，以及多样化、创造性地表达自己在主题活动中的情感、理解和想象提供机会，并且尊重每个幼儿的想法，肯定和接纳他们独特的审美感受和表现方式，分享他们自由表达与创造的快乐，帮助他们提高表现的技能和能力。教师还可以指导幼儿利用美工创意区中丰富的废旧材料表现主题活动内容。美工创意区比较适宜设置在安静且离水源较近的地方。

在美工创意区中，教师一般可提供以下四类材料：一类是各种作画工具和材料，如纸张、蜡笔、颜料及颜料盒、海绵等；一类是各种手工活动工具，如剪刀、固体胶、彩色纸、装废纸的盒子等；一类是各种废旧材料，如鞋盒、饮料瓶、果冻壳、桔子皮、包装袋、瓶盖、纸绳等；还有一类是各类清洁用具，如抹布、水盆等，有条件的幼儿园还可提供小围裙或袖套。

为丰富幼儿的表现手段，结合不同年龄段幼儿的特点，教师在小班可提供用于滚珠画的滚珠和用于印章画的萝卜印章；在中班可提供用于制作纸泥的报纸、胶水，用于蛋壳画的蛋壳，用于纸条编织的各色纸条和底图等；在大班可提供用于拓印画的吹塑纸，用于绣花的竹圈、白布、针和彩线，用于染色编织的稻草和麦秸等。在中、大班，教师还可向幼儿提出一些需要两人合作完成的任务，以培养幼儿的合作、协商能力；到大班还可放入一些操作示意图，如关于风车的制作图示，引导幼儿学习看图示并按照图示的步骤操作。

美工创意区也可以结合角色区中的"超市"活动来开展，将幼儿的作品作为"超市"的货物陈列展示，使主题活动中的各个活动区之间发生内在联系。

教师也可以将各个主题活动中的美工活动材料直接投放到美工创意区中，结合主题活动开展各类创意活动。比如在主题活动"酸酸甜甜的水果"中，提供美工纸、牙签、豆子、毛线等，供幼儿装扮水果宝宝；结合主题活动"勤劳的人们"中的音乐活动"小小粉刷匠"，在美工创意区中投放用硬纸板制作成的小房子、三原色水粉颜料、水粉笔，供幼儿学习用水粉颜料刷"房子"，帮助幼儿体验三原色的变化。

为提高幼儿参与活动的积极性，增强他们的成就感，教师还可以设置作品展示区或展示墙，将幼儿的作品稍加"包装"（如用彩色纸或用自制镜框裱衬；将不同幼儿的作品进行排列组合等），然后进行陈列，引导幼儿互相学习与交流，体验成功。

教师应注意引导与提醒幼儿形成操作、整理的常规，养成卫生清洁的习惯。

（二）间接的主题性活动区

实践中，有些主题性活动区中开展的活动与幼儿的生活经验密切相关，相比较而言更具有游戏性、综合性和生活化的特点。在这些主题性活动区中，活动的推进主要不是直接受主题活动的影响，而是受到幼儿经验的影响。换言之，主题活动通过影响幼儿经验而间接影响这些主题性活动区中活动的开展。这类主题性活动区被称为间接的主题性活动区，常见的主要包括角色表演区和建构区。

1．角色表演区

角色表演区是幼儿开展角色游戏的场所。幼儿在角色表演区中按照自己的意愿通过扮演角色、运用想象，创造性地反映个人生活印象，有助于通过对已有生活经验的唤醒，发展各方面的能力。

幼儿在角色表演区的活动往往能反映他们在主题活动中习得的相关经验。可以说，角色表演区为推动幼儿主题活动的深入开展创造了条件，而主题活动又能丰富幼儿的社会认知经验，提升幼儿角色表演区活动的质量，两者呈现出互利、互生的关系。比如在中班主题活动"劳动的人们"中，幼儿了解了社会生活中各种工作、各种职业和各式各样的人物形象，在开展角色表演活动时，他们通过扮演各种角色加深了对不同人物、职业与形象特点的了解，而且还对不同角色所承担的社会责任以及他们之间的相互关系有了体会与认识。比如在这个主题活动中，有个活动是"螃蟹小裁缝"，这个活动引发了幼儿对"裁缝"这个职业的兴趣。于是，他们在教师的帮助下新开设了一个"缝纫店"，虽然这个"缝纫店"

开张没多久就因幼儿相关经验不够丰富而随着主题活动的结束"关门歇业"了，但这个活动区的设立丰富了主题活动的内涵；也又一次证明，角色表演区活动是幼儿对已有社会认知进行复习实践的过程，或者说，活动的顺利开展离不开幼儿已储备的基本的社会认知经验，这些认知经验又往往与他们所参与的主题活动关系密切。

一般来说，角色表演区的材料可以分为三大类：一类是用于搭建基本框架的材料，如桌子与柜子等基本家具、开展角色活动时要操作的各种工具、体现角色身份的各类标识等；一类是用于丰富幼儿主题活动的半成品材料；一类是帮助幼儿自由想象的象征性材料。实践中，角色表演区又经常可以被细分为娃娃家、医院、餐馆、超市等四种，这四种角色表演区的材料投放存在一定的差异。

（1）娃娃家

在娃娃家中，教师经常投放以下基础性材料：矮床、柜子或架子、小桌椅、电话机等；冰箱、电视机等家用电器，这些可用大型积木（积塑）、废旧材料、纸板箱以及日常用的桌椅改制或拼搭而成；大的餐具、灶具，这些可用小木箱、泡沫塑料、纸板箱等制作、装饰而成；碗、碟子、奶瓶、小锅、铲子、砧板等，这些可用各类塑料玩具或各种瓶盖替代；菜刀、勺子等，这些可用蛋糕店的塑料刀具替代。到中、大班，教师还可以提供用各种废旧材料代替或自制的洗衣机、扫帚、畚斗、拖把、筷子等；各种衣物和简单的床上用品；角色标记，如爸爸的领带、妈妈的围裙、宝宝额头上贴的小圆点或头上戴的蝴蝶结、爷爷的胡须、奶奶的老花镜等；可给娃娃讲故事的书等。

（2）医院

"医院"的内部空间可以通过半封闭式的隔离，分割成挂号处、收款处、药房、注射室、外科、内科等，并张贴明显的标记。"医院"中，教师经常投放的材料包括：药品柜、医生坐的桌椅；纱布、绑带、双面胶、自制红药水、自制紫药水、药棉、塑料筐等外科所需材料；听诊器、体温计、反光镜、压舌板等内科所需材料；各种药瓶、纸袋、塑料筐等药房所需材料；针筒（去除针且经过消毒）、三脚架、小床、挂钩、凳子等注射室所需材料；挂号本、号牌、白纸、笔等挂号处和收款处所需材料；医生的角色标记牌，如白大褂（可用大人的白衬衣代替）、白帽子（可用纸或布自制）、口罩等；为调动与引发幼儿的相关经验，还可以在墙上张贴关于就诊、打针等程序的图片。

(3) 餐馆

教师可在"餐馆"厨房墙面上张贴烧饭、烧菜过程的示意图，在柜台上张贴"本店特色菜推荐"、"家常菜价格"等海报，烘托气氛；还可以在餐桌上铺上条纹桌布，放上自制鲜花、纸巾等。"餐馆"内一般需要投放的材料主要包括：可用来陈列、摆放物品的货架，柜子，网架，盘子或箩筐；灶具、餐具等，提供的种类可在参考娃娃家基础上适当增加餐具的数量；各种食物和饮料，如饺子、汤团、年糕、包子、馄饨、豆腐干、青菜、面包、烧卖、鸡翅膀、汉堡等，这些可用海绵、泡沫、弹力絮、丝袜等废旧材料自制；服务员、厨师的服装、帽子和工作牌，在活动中后期还可提供"迎宾小姐"的角色标记牌。

(4) 超市

"超市"的创设可显得热闹些，如适当挂些"促销广告"、宣传海报，把货物摆放得琳琅满目。一般需要投放的材料主要包括：可用来陈列、摆放物品的货架，柜子，网架，盘子或箩筐。其中，盘子或箩筐可用衬衫盒、鞋盒等代替；各种"商品"，可用废旧玩具、服装、饮料瓶等实物代替；收银台、电脑，可用纸板盒或包装用的废旧泡沫塑料自制；钱币，可自制，也可用其他纸片代替；营业员的角色标记牌；购物篮或购物袋，可收集废旧花篮代替。

当教师将以上材料一一投放在各角色表演区后，会发现角色表演区变得像模像样且很能吸引幼儿参与其中。但仅有这些材料是不够的，幼儿玩了几次之后就会对这些材料失去兴趣，出现活动内容贫乏、"无所事事"的状况。特别是小班幼儿社会交往能力较弱，喜欢独自游戏，更是如此。为了激发幼儿参与角色表演活动的兴趣、丰富幼儿表演活动的内容与情节、减少活动中的消极等待现象、提高活动质量，教师可逐步为中、小班幼儿补充、更换或调整一些成品或半成品材料，为大班幼儿提供大量象征性材料。

在角色表演区中提供半成品材料时，教师可以根据幼儿的发展水平选择一些

第二章 主题性活动区种类的确定与设置要点

可以被放入到一定生活情境中的材料。比如在小班"娃娃家"中,可提供些小毛线衣和毛线团供幼儿拆绕毛线,提供各色吸管、雪花片等让幼儿给娃娃穿项链;在"餐馆"中,提供各种材质的纸片供幼儿撕"面条";在"医院"中,提供纸、橡皮泥、透明胶等供幼儿制作"药丸"。到了中班,在"娃娃家",教师可提供穿好孔的硬纸板或可以扎辫子的娃娃,便于幼儿练习系鞋带或系蝴蝶结;在"餐馆"里,可提供各种食物(如香肠、西红柿、包子、水饺等)形状的布袋和棉花或碎海绵,便于幼儿自制各类食物;在"超市",可提供各种食品包装袋、包装盒,供幼儿给物品包装。同时,要注意各种象征性材料的提供,如各种纸片、布条、废纸团、小盒子、瓶盖、贝壳、小石子等,尤其是在大班,此类材料的多样化将提高幼儿以物代物的能力,增强角色表演活动的趣味性,比如用瓶盖代表各类餐具;而地处农村的幼儿园则可以使用一些乡土气息浓厚的象征性材料,如瓦片等。

根据主题活动的开展,在角色表演区中,教师也可以结合具体情境提供一些成品或半成品材料。比如,小班开展主题活动"冬天里"的过程中,在"娃娃家"提供小袜子、手套、帽子、小棉衣、围巾等各类冬季服饰和夹子、衣架、裤架、晾衣架等,供幼儿玩"晒冬衣"游戏,帮助他们学习对服饰的整理和归类,加深他们对冬季服饰的认识;在大班开展主题活动"秋天多美丽"的过程中,可以让幼儿在超市售卖"各种各样的瓜"、"多种多样的米制品"等。但总体来说,角色表演区和主题活动之间的联系不像直接的主题性活动区那样紧密,这就需要教师做个有心人,不断激发幼儿的已有经验,以使两者之间互利共生。

教师应根据主题活动的开展情况灵活选择与设置角色表演区的具体种类与内容。

在中班主题活动"冬天来了"开展过程中,有幼儿在"餐馆"里玩"吃火锅"的游戏,于是教师随机调整了活动内容,索性将"餐馆"改成了"火锅店",贴上了吃火锅的图片,拉起了"吃火锅满200送50"等大红字条,对氛围进行了重新营造,一下子让"冬天"暖和起来了。接着,在原有材料的基础上提供了各类食物(如饺子、汤团、香干、蛋糕等)的成品或半成品材料、一些象征性材料

（如各类贝壳、海绵、泡沫塑料块、皱纹纸、彩色的片片和长条等）以及涮火锅要用的竹签等，引导幼儿创造性地使用各类象征性材料和废旧材料制作火锅食品（羊肉卷、羊肉串、辣椒、粉条、年糕等），并了解使用火锅的安全知识。同时，"超市"里也相应出售火锅食品、火锅料等来配合活动的开展。幼儿玩得不亦乐乎的同时，也丰富了关于"冬天"的相关经验。

2. 建构区

建构区在主题活动中的作用类似于美工创意区，即幼儿可以运用各种拼搭材料，根据已获得的主题经验创造性地表现自己的感受或对世界的认识。在这个过程中，他们发展了空间知觉和数、形意识，提高了创造力和表现力，培养了亲社会行为。

建构区需要充足的场地以满足幼儿拼搭的需要。幼儿在进行建构游戏时免不了会发出比较大的声音，因此建构区应远离"语言阅读区"等需要安静的活动区；同时，建构区中幼儿搭建的建筑物经常可以被用做角色表演区的道具，因此可以考虑把它与"娃娃家"等角色表演区相邻，并铺上地毯便于游戏的开展。

建构区中投放的材料主要包括：玩具柜、玩具筐、积塑（积木）、小玩具（如小汽车、小动物、人偶、树木等）、易拉罐或一次性杯子、各种板材等。为小班幼儿提供的积塑可适当大一些，比如给小班幼儿的可以是直径5.2厘米左右的大号雪花片，给中、大班幼儿的可以是直径3厘米左右的小号雪花片。针对小班幼儿的年龄特点，可以提供一些放大的动物背景图（如长颈鹿）等，引导幼儿玩"叠高"的游戏。在中、大班，则可提供各种包装盒或包装箱作为建构游戏的辅助材料。积木应分类摆放，制作标记或标签，便于幼儿取放与整理。

二、不同年龄段主题性活动区的设置要点

小、中、大班幼儿在身心发展水平、兴趣爱好、知识经验等方面均存在明显差异，这就决定了为不同年龄阶段幼儿设置的主题性活动区也必然存在较为明显的差异。此处将简要分析不同年龄段幼儿主题性活动区的设置要点。

（一）小班主题性活动区的设置要点

3—4岁小班幼儿好奇、好动，语言交往能力、生活自理能力及协调能力等相对较差，思维的直观性、具体形象性更为明显，直接的动作对于促进幼儿的发展更有意义。他们在参与活动区时有以下几个明显特点：

- 喜欢从事与教师或者他人一样的活动，尤其会对教师操作示范过的材料感兴趣，表现出明显的模仿性特点；
- 喜欢色彩鲜艳、有声响的、呈动感的，但操作方式、操作程序相对比较简单的玩具和用具；
- 对活动中的合作行为较为淡漠甚至有些排斥，喜欢一人一份材料独自游戏；
- 游戏水平尚处于独自游戏及平行游戏的阶段，经常是独自一人静静地操作，虽然有了一些交流，但更多的是矛盾发生时的一些简单的语言交流或操作中的自言自语；
- 大多数活动是在教师的引导下进行的；
- 乐于进行重复性活动，即使未改变操作要求与操作方法，他们也常常百玩不厌，自得其乐；
- 注意力容易转移，活动较易受周围环境的干扰；
- 常常热衷于敲敲、打打、插插、摆摆等操作性活动，目标意识淡薄；难以区分真实与虚拟的情境。

小班幼儿正处于各种规则意识、兴趣、习惯的培养阶段。因此，主题性活动区的布局及其具体设置，应有利于培养幼儿各种习惯和规则，有利于激发幼儿参与的兴趣。教师可以应用低矮的柜子或小屏风作为各活动区之间的分隔物，柜子放置要稳妥，柜内分格要清晰。各活动区的封闭性相对要强些，因他们注意的稳定性和有意性较差，容易被外界吸引，而封闭的活动区空间更有利于幼儿安静地操作，减少外来的诱惑，但不能产生教师视线不能及的死角。相对中、大班而言，小班幼儿的活动区内容并不很多，但因小班幼儿易受周围因素的干扰，因此应做到动静分开。教师可设置多个并列的主题性活动区，如同时设置2~3个娃娃家，以满足幼儿喜欢模仿、喜欢从事与他人同样活动的需要。此外，在小班第一学期初，由于幼儿对周围环境比较陌生，他们基本上是在教师的指引下按自己的喜好选择活动内容，因此各活动区可无明显的分块布局，也不宜做各活动区人数的规定，只可将各类材料分门别类地有序放置，便于他们取放和个人操作。

对于小班幼儿来说，教师所提供的材料不宜太多太杂，以免幼儿无所适从，分散注意力，妨碍活动的开展。各活动区内的玩具、材料以3~4种为宜，同种的玩具材料宜备多份，以满足幼儿喜欢模仿的心理，也避免幼儿间的互相争夺。提供材料时，教师应注意安全性、实物性、适宜性、层次性、操作性，并特别关注操作方式的单一性、操作材料的情境性和趣味性。小班幼儿的活动区材料通过简单的直接操作就可达到、完成预定的目标，因此教师可较多地提供半成品材料，把目标隐含在材料操作的过程中。此外，给小班幼儿提供的材料，不能仅仅是让幼儿进行机械的动作操作，而应以符合小班幼儿游戏的特点结合一定的情境出现，以增强材料的趣味性，使活动更有吸引力。比如，在提供让幼儿进行大小分类的操作材料时，采取"给瓶娃娃喂饼干"的方式；让幼儿练习串珠珠时，可以结合给娃娃做项链的情境，等等。

（二）中班主题性活动区的设置要点

中班幼儿好奇、好说、好问、好动，对活动的兴趣与自主性明显提高，但因幼儿的自控能力与规则意识尚未真正建立，因此中班幼儿常显得较难管理。中班幼儿在活动区中经常表现出以下主要特点：

- 在参与各项活动的过程中，开始显得积极主动，乐于自主选择感兴趣的活动；
- 幼儿间的交流增多，但多为个体性活动；合作行为比较多地出现在手工操作活动和建构活动中并且不够深入，合作行为经常与替代别人完成任务的行为交替出现；
- 当操作中有了新的发现或获得成功时，乐于用语言将这种情绪或发现表达出来，并急于讲给同伴听；

第二章 主题性活动区种类的确定与设置要点

- 非常喜欢新鲜的材料与内容，对感兴趣的活动能安静投入地操作，但一旦完成了任务，一般不愿再次操作；
- 能尝试根据操作提示或要求操作材料，有了目标意识，希望成功，能在操作中得到满足；
- 对活动的需求日益增强，有时会因对材料的争夺、不能遵守规则等彼此间产生矛盾；
- 在活动区中日显活跃，但由于尚缺自控能力，在活动区中常因"毛手毛脚"而出现闯祸的行为；
- 活动区中的游戏以虚拟为主，偶有与现实不分的现象。

根据中班幼儿的年龄特点和活动需求，教师设置活动区时应考虑创设固定的活动区。这些固定的活动区相对小班来说更加细化，包括医院、娃娃家、超市、饭店、美容院等。这些活动区内部都可以进行更为细致的化分，比如可以把医院分为内科、外科、手术室、配药室、注射室、挂号室等；把娃娃家分为餐厅、卧室、客厅等；把美容院划分为洗发室、理发室、化妆间等。同时，也可以考虑设置1～2个机动的活动区，在这里，教师可根据幼儿的兴趣、游戏情节开展的需要或主题活动的进行随时创设相应的游戏环境，如"豆豆专卖店"、"夏季服装秀"等。此外，还可留出一块空间作为幼儿的自主活动区，在里面放置一些废旧材料和简单的设施（一张桌子和几把椅子），班级教师和幼儿可以根据主题活动开展的需要在这里进行相关的活动；有时，也可以把它作为部分幼儿的情感发泄区，让他们在这里得到情感的自我发泄与满足。

为中班幼儿提供的材料应注意成品与半成品结合，体现一物多玩、层次性与递进性；还应注意实物性与象征性结合，并且便于幼儿进行初步的合作。中班幼儿的想象力比小班幼儿更为丰富，因此，中班活动区（尤其是角色表演区）中，教师应在提供部分实物材料的基础上提供一些象征性材料，以帮助幼儿灵活替代。比如，幼儿把一根小棒当成筷子、当成温度计等，这种替代的过程就是幼儿想象与创造的过程，而且可以满足游戏情节的需要，它在游戏中的作用是实物材料所无法替代的。此外，随着幼儿合作意识的逐步出现，教师可提供需要两人以上合作才能完成的材料或者活动。比如，在主题活动"勤劳的人们"中，可以让科学探索区的幼儿尝试合作拆电话机等；在主题活动"奇妙的光和影"中，可以在科学探索区中提供两面镜子，引导两名幼儿合作探索两面镜子成不同角度成像的秘密等。

相对小班来说，中班的许多主题性区域活动与主题活动的相关度更大，许多主题活动目标可以通过诸如科学探索区、语言阅读区、美工创意区等相关的主题性活动区来完成。中班活动区的分布日益细化，活动区内容日渐增多，但并非每次的布置都面面俱到，而应根据班级幼儿的需要、活动室的场地条件等选择性地进行布置，如医院、娃娃家、餐馆等，这些活动区在一个学期内可相对固定不变，同时根据主题活动中幼儿的兴趣点随时将机动的活动区创设成相应的活动区。比如，在夏天开展主题活动"夏季服装秀"后，幼儿有表演服装秀的兴趣，于是教师就把机动的活动区创设成"表演城"，请幼儿自己制作服装、自己表演。

（三）大班主题性活动区的设置要点

大班幼儿各类经验日益丰富，能力逐步提高，独立意识不断加强，抽象思维开始萌芽。此时的幼儿对活动区的参与情况与小、中班幼儿又有明显不同：

- 他们更乐于通过亲自试一试获得更多的经验和解决问题的方法，不满足于教师给予的"是什么"，而更热衷于"为什么"的探究；
- 不满足于教师所限定的一些内容，更乐于自主选择活动内容、活动方式（或确定活动主题），参与活动更积极，在活动中的创造性更为明显；
- 不轻信别人的结论，只有自己亲自经历验证了，才相信并接受；
- 注重活动的过程和结果，成功时常有明显的喜悦和成就感，但失败时也常会显得沮丧；
- 随着交往能力的提高，幼儿之间的交流也随之增多，常常是在一次活动中参与多项内容的操作或者几个并不矛盾的角色转换交替进行。比如一会儿是回到家里的爸爸，一会儿又成了正在上班的爸爸；

- 乐于进行一些合作性、竞争性的活动，并在与同伴交流、协作甚至是争论中多次反复尝试操作，在解决矛盾中获得发展；
- 在自我操作或与他人合作活动的过程中，常常会评价他人的对错；
- 会将其他活动区的活动"同化"或者有机地整合到自己的活动中，比如会把手工制作区内制作的衣服、帽子、点心等送到商店去卖。

为大班幼儿创设的活动区应具有可变性与开放性，能随时根据主题活动的需要或幼儿合作的需要进行大与小、封闭与开放、暂时与永久的变换，以满足不同主题、不同阶段、不同幼儿的需要，使有限的空间发挥最大的效益。

在大班活动区中，幼儿的玩具与实物性材料虽然减少了，但其种类与数量不宜少。每个活动区内一般以8~10种为宜，有新内容，也有可供复习巩固的旧内容。其中，最好有部分是供幼儿2~4人合作使用的玩具、材料，以利于培养幼儿轮流使用及互相合作的习惯。提供的材料应注意安全、卫生、经济性、合作性、师幼共同参与性、多层次性、多功能性，尤其要关注材料的自我验证性，即幼儿操作结果的对或错可由幼儿观察操作结果而做出自我检验，以利于幼儿的自我调整。

大班幼儿已有了丰富的主题活动经验，乐意在活动区中尝试运用，并善于发挥这些经验在区域活动中的作用。他们通过自主合作等方式，能自己生成一些主题性活动区，教师对此应给予充分鼓励，并创设各种条件满足幼儿的需求。教师可以引导幼儿将一些领域倾向明显的活动区与角色表演区相结合，不设置固定的角色表演区，以便于幼儿根据主题活动更换活动区。比如，在主题活动"各行各业的人们"中，美工创意区可以成为角色表演区中的"饼干制造厂"。到了主题活动"寒冷的冬天"时，美工创意区又成为了"制衣厂"。总之，生成性与灵活性是教师在设置大班主题性活动区时应该特别注意的。

第三章　主题性活动区空间的调整技巧

主题性活动区的依存性与动态性，赋予了主题性活动区空间更强的灵活性，也对传统活动区的空间观提出了挑战。本章将在分析主题性活动区空间观转变的基础上，探讨主题性活动区的空间优化。

第一节　空间观的转变

主题性活动区的空间观实现了多方面的重要转变，主要体现在空间的拓展、空间的关系、空间的使用与态性的转变四个方面。

一、空间的拓展：从室内走向室外

一般情况下，幼儿园活动区的空间主要局限在活动室内。实践中，不少幼儿园也自觉地尝试利用幼儿园的过道、走廊等室外空间。比如有幼儿园就开展过"社会一条街"[①]活动的实践探索，即在幼儿园的过道或空地处开辟一个空间，设置"邮局"、"银行"、"理发店"等活动区，这样整个幼儿园不同年级与班级的幼

[①] 这里主要介绍浙江师范大学杭州幼儿师范学院附属幼儿园在这方面的一些探索与经验。

儿可轮流到这里开展区域活动，但不同年级或班级之间互不沟通，并且每个班级在这里开展区域活动之后，要尽量将这里恢复如初。"社会一条街"活动探索的一个积极意义在于，充分挖掘与利用了幼儿园过道的空间资源，使活动区的空间实现了极大的拓展，从室内走向了室外。

我们主张与强调主题性活动区的空间要突破室内空间的局限，充分挖掘与利用室外一切可以利用的空间资源，实现空间的拓展，即从室内走向室外。比如，在"小动物家来客人了"（见附录3-1）中，教师就充分利用了活动室前大厅的空间资源，在小班活动室前的大厅设置了共享的主题性活动区"小动物的家"，分班级创建了"熊猫家"、"小兔家"和"小猫家"；后来根据活动的需要，又在三个小动物的家前面的一块空地上设置了开放式的公共活动场所，有鱼池、小动物游乐场、小动物菜园等。在大班下学期的"入学准备秀秀秀"主题（见附录3-3）中，教师更是自觉地利用幼儿园特有的长走廊，在走廊开设了共享性的主题性活动区。

空间的拓展中，教师不仅可以充分挖掘与利用走廊、过道等空间资源，还可以考虑尝试挖掘与利用户外活动场地的广阔空间资源。

浙江省宁波市象山县塔山幼儿园拥有面积约为9540平方米的广阔户外活动场地，既有全开放的，又有相对封闭的；活动场地有高有低，有凸有凹，有硬有软，有直有曲。幼儿园依据场地的特点并考虑活动内容的特点和需要，对户外活动场地进行了活动区的划分，设置了两大类十二个活动区：一是探索发现类，主要包括种植区、饲养园、玩沙玩水区、自然观赏区、科学观察区；二是运动娱乐类，主要包括角色游戏区、攀登区、钻爬区、平衡区、走跑区、综合活动区、自创运动区。后来，根据幼儿的活动兴趣，幼儿园又调整了一些活动区，增添了球类区、跳跃区、投掷区、车类区、建构区，并把走跑区纳入综合活动区调整为综合合作区，把自然观赏区合入科学观察区。

总之，活动区的空间不能局限于室内，还可以走向室外利用过道、走廊等空间资源，甚至还可以走向户外利用户外活动场地的空间资源。原则上，活动区的空间可以挖掘与利用幼儿园中的所有空间资源。

二、空间的关系：从封闭走向开放

一次，幼儿园区域活动中发生了这样一幕：

一名幼儿独自一人在活动区中活动，开始时兴致勃勃，后来感觉没意思，在活动区中来回游荡。临近的活动区中，三名幼儿正表演游戏，但人手不够，一名幼儿提议邀请隔壁正在游荡的幼儿参加表演，其他人纷纷表示赞同。隔壁幼儿收到他们的邀请显然非常高兴，爽快地答应了，并且显得有点迫不及待。他刚想跑到隔壁的活动区时，忽然想起应该向老师请示，但得到的答复是"不能随便走动，坚守自己的岗位"。听到老师的话，这名幼儿满脸失望，无可奈何地继续在活动区中"游荡"，直到区域活动结束。隔壁活动区中的幼儿显然也有些许的失望，只好三个人玩了起来。

上述案例中，当听到幼儿的请求后，教师之所以毫不犹豫地做出"不能随便走动"的答复，一个重要的原因在于，教师观念中认为各个活动区是独立与固定、封闭的，不同活动区之间相互隔绝。此时，不同活动区空间之间的关系是"边界"。"'边界'是将对立双方隔离开的界线。隔离、封闭和阻碍双方交流。"①

主题性活动区空间内在地要求打破这种封闭的空间观，主张与强调一种开放的空间观，即各活动区在具有相对独立、完整的空间的同时，更强调空间的灵活性与开放性，不同活动区的空间之间的关系不再是"边界"，而是代之以"边缘"。"'边缘'是将阻碍双方交流的界墙拆除后的边界，可以容纳或包容敌对双方，并促进交流和交融，开放、繁荣、多样，容易产生新生事物。"② 在"帮植物过冬"（见附录3-2）中，主题性活动区"科学区"和"自然角"原来虽然相邻，但彼此相对独立，相互之间用柜子隔断。但在活动过程中，幼儿从科学区中动植物过冬的探索扩展到如何帮助自然角的植物过冬。为了便于幼儿活动，教师主动拆除了科学区和自然角之间的隔断物，在两个主题性活动区之间开出一条小道，

---

①② 滕守尧. 文化的边缘[M]. 北京：作家出版社，1997：1.

使空间上彼此互通，便于幼儿往来。"小动物家来客人了"（见附录3-1）中，"熊猫家"、"小兔家"和"小猫家"彼此之间之所以能够相互串门并举办小兔家的动物聚会，就源于主题性活动区空间的开放性。

三、空间的使用：从独享走向共享

实践中，幼儿园活动区的使用对象一般局限于班级内部成员，即为本班幼儿所独享。与此不同，主题性活动区主张与强调活动区的空间不仅向本班幼儿开放，同时向其他班级甚至其他年龄段的幼儿开放。此时，活动区空间的使用实现了从被某班幼儿所独享向被全园幼儿所共享的根本性转变。

有幼儿园进行了公共活动区的实践探索，即"利用班与班之间相邻的空间设置的活动区域，这一空间和空间中设置的材料为这些班幼儿所共享，活动内容也由他们共同商议设计"。[1]公共区域经历了一个从突显实用性的空间策略，到逐渐呈现出对幼儿发展，尤其是幼儿社会性发展的特殊价值，再到力求突破原有空间局限、充分利用信息资源、实现更大更深互动的实践探索过程。在此过程中，公共区域从班与班之间相邻的公共空间，逐渐拓展到整个幼儿园；从主要作为克服活动空间不足的实用性空间策略，逐渐发展为深化区域之间以及幼儿之间互动的品质优化策略。在实践中，教师们提出了一些公共区域的利用方法，主要包括平行活动、共享活动、合作活动、互动活动等。其中，平行活动指"同年龄的班级幼儿参加同一内容的活动，往往会产生互相启发、互相竞争、学习与陌生孩子结伴等行为"；共享活动指"不同年龄的幼儿参加同一内容的活动，一部分幼儿的活动成果成为其他人活动的背景材料"；合作活动指"同龄或混龄幼儿参加同一区域的一类活动，往往会产生意料之外的互补、合作的效果"；互动活动指"幼儿园的各个班级通过'快讯'向全园发布开放活动的信息。人人都能参与自己感兴趣的活动，也能邀请别人参加自己的活动"。[2]公共区域的四种主要利用方法中，空间共享的幼儿范围不同。其中，平行活动是同年龄段幼儿共享；共享活动

---

[1] 李建君，主编. 区角，儿童智慧的天地[M]. 上海：上海社会科学院出版社，2005：42.
[2] 李建君，主编. 区角，儿童智慧的天地[M]. 上海：上海社会科学院出版社，2005：45.

是不同年龄段幼儿共享；合作活动是同龄或混龄幼儿共享；互动活动是全园幼儿共享。

"小动物家来客人了"（见附录3-1）中，开始时，"熊猫家"、"小兔家"和"小猫家"是从各小班中选取了部分幼儿参与，是面向所有小班幼儿开放的同年龄幼儿共享，即平行活动；后来，到大班邀请了一些幼儿到小动物的家中扮演"爸爸"、"妈妈"的角色，此时就变成了面向小班与大班不同年龄段幼儿开放的混龄幼儿共享，即共享活动。

主题性活动区空间的共享性，决定了活动区中的幼儿根据活动需要可随时随意进出任一活动区，这在很大程度上推动了不同活动区之间互动的发生。

在"奥运会"主题活动中，幼儿收集、自制图书，一起办起了"奥运资料馆"，小馆长和借阅管理员还为这些新的图书和资料重新编排了书号。活动中，建筑区的小建筑师们在搭建游泳馆的跳台时遇到了问题——搭出来的跳台总是立不住。于是，他们想到了到资料馆查一查相关的场馆建设资料，看一看真正的跳台是怎样设计的。然后，通过办理借阅证的方式，他们将相关的图书资料借走拿到建筑区中，最终解决了跳台立不住的难题。

案例中，主题性活动区"建筑区"中的幼儿在搭建跳台遇到难题时，自由地走出"建筑区"，进入"奥运资料馆"，然后借到相关资料后又方便地回到"建筑区"。这些都源于活动区空间面向所有幼儿开放的共享性，也正是因为这一点，"小动物家来客人了"（见附录3-1）中"熊猫"、"小兔"和"小猫"才可以相互串门，并能顺利地举办小兔家的动物聚会。

四、态性的转变：从静态走向动态

当我们走进一些幼儿园的活动室，映入眼帘的经常是如下情形：

活动室四周被矮柜、桌子等隔离物分割成一个个活动区，如美工区、科学区、阅读区等，并在其中投放了一些活动材料；而活动室的中央往往会留下一个较大的空间，供开展集体活动使用。

开展集体活动过程中，周围的这些活动区基本保持不动，保持着原来的物理空间，此时，仅仅教室中央的这块空间得到了利用，而四周被不同活动区占据的空间则就成了闲置空间。开展区域活动过程中，活动室中央原本供开展集体活动使用的物理空间经常闲置在那里，此时区域活动还是局限在活动室四周的狭小物理空间中。换言之，活动室中央的物理空间被认为是集体活动的空间，而活动室四周的物理空间被认为是区域活动的空间，二者彼此互不影响。各个活动区之间基本是各自为战，互不联系，即使有些活动区中很少甚至没有幼儿，也不会压缩这些活动区的空间；而有些活动区中可能会有很多幼儿想进入，但由于活动区空间的限制而无法容纳，此时教师也不会扩大这些活动区的空间，而是只让部分幼儿进入。结果，一方面导致部分活动区空间的闲置与浪费，另一方面导致另一部分活动区空间的紧张与匮乏。

以上现象中存在两种矛盾：一是区域活动空间与集体活动空间的闲置、浪费与紧张、匮乏并存的矛盾。具体地说，区域活动过程中，活动室四周的活动区空间紧张与匮乏和活动室中央的集体活动空间闲置与浪费并存，或集体活动过程中，活动室中央的集体活动空间紧张与匮乏和活动室四周的活动区空间闲置与浪费并存。二是不同活动区空间的闲置、浪费与紧张、匮乏并存的矛盾。具体地说，区域活动过程中，部分活动区因很少甚至没有幼儿光顾而造成的空间的闲置与浪费和部分活动区因很多幼儿想要光顾而造成的空间的紧张与匮乏并存。矛盾的根源在于空间的静态性，即集体活动与区域活动以及各活动区，均具有自己固定的空间，不允许对方侵占或借用自己的空间。

我们主张与强调主题性活动区的空间从静态走向动态，具体包括两方面内涵：一是集体活动与区域活动的空间根据需要灵活调整与动态变化。集体活动时，活动室四周的活动区空间完全可以根据需要进行压缩，将多余的空间让给集体活动使用；同样的，区域活动时，活动室中央的集体活动空间完全可以让给区域活动使用，成为活动区空间。总之，此时的活动室空间并没用被严格地划分成固定的集体活动空间与区域活动空间，而是完全根据活动需要确定空间的用途与大小。二是不同活动区的空间根据需要灵活调整与动态变化，即活动区的空间大小根据参与其中的幼儿人数的多少确定。当某一活动区吸引了很多幼儿参与时，完全可以扩大此活动区的空间，相应的可以压缩那些很少甚至没有幼儿参与的活动区的空间。此外，在主题活动开展过程中，当有些主题性活动区不再需要时完全可以去掉。

在"帮植物过冬"（见附录3-2）中，教师将科学区中有关动植物如何过冬的材料转移到小走廊上，在科学区中只保留了有关帮助植物过冬的材料，这样就变相地扩大了科学区的空间；在科学区和自然角中间开出一条小道，打通这两个活动区，实质也是对这两个活动区空间的调整，是将原来的两个活动区合并成一个大的活动区。

"小动物家来客人了"（见附录3-1）和大班下学期的"入学准备秀秀秀"主题（见附录3-3）中，教师将活动区空间从室内拓展到室外，挖掘与利用幼儿园的走廊、大厅等空间，实质也体现了活动区空间的灵活性，即根据需要可以扩展到幼儿园的任一角落。

第二节　空间的优化策略

主题性活动区空间观的多方面转变，为其空间的优化提供了新的视角与契机。在主题性活动区空间观转变的理论指导下，结合主题性活动区空间调整的实践经验，我们提炼与总结出了如下几条主题性活动区空间优化的主要策略。

一、合理的空间布局

活动区空间布局的合理性与否，将直接影响到空间利用的效率与质量，也将直接影响到区域活动能否顺利与有效地开展。合理的空间布局至少应注意和满足以下三方面要求：

（一）动静分开

不同活动区的活动强度、喧哗程度等存在差异并具有不同要求，因此为了减少以至避免不同活动区之间的相互干扰，在安排不同活动区的空间位置时，教师要注意动静分开。比如：将比较吵闹且容易对其他活动区产生干扰的"表演区"、"木工区"安置在与其他活动区不易产生干扰的走廊上；将需要安静阅读的"图书区"放在安静、采光度较好的窗户边，并形成相对独立的活动区空间，便于幼儿安静地阅读。实践中，也有不少幼儿园会将易于喧哗的"建构区"单独设置在远离其他活动区的休息室中。

（二）相关邻近

不同活动区之间的相关程度存在差异，为了便于引发与促进不同活动区之间产生有意义的互动，在设置活动区的空间位置时，那些彼此之间相关程度较高、容易产生互动的活动区，在空间方面应该邻近。实践中，"表演区"应邻近"建构区"，这主要是考虑到建构区中搭建的建筑物经常可以用做表演区中的道具。

在"伞"的主题活动中，主题性活动区主要有"伞的商店"、"伞厂活动区"、"伞面装饰区"等，这些活动区之间相关程度较高，容易产生有意义的互动，如伞厂制作的伞可以拿到伞面装饰区装饰，装饰好之后可以拿到伞的商店中出售。为此，教师就将这些相关程度较高的活动区在空间方面邻近设置。

当然，这种空间方面的邻近设置，只是便于但并不一定导致相关活动区之间产生有意义的互动。这种有意义互动的产生与否还受到其他许多因素的影响。

第三章 主题性活动区空间的调整技巧

主题活动"伞"中,教师将"伞的商店"、"伞厂活动区"、"伞面装饰区"三个相关程度较高的活动区空间邻近设置,开始时三个活动区之间并没有产生有意义的互动,幼儿各玩各的。后来,一个到商店买伞的"顾客"① 无意中向商店"工作人员"提了一个建议:"你们店里伞的品种太少了,特别是伞面不够漂亮,我在伞面装饰区中见过许多漂亮的伞。"闻听此言,商店"采购员"马上到伞面装饰区看个究竟,果然发现许多漂亮的伞,于是采购了许多伞。后来,"采购员"还根据"顾客"的需要向伞面装饰区中的"工作人员"定做……由此,"商店"和伞面装饰区之间产生了有意义的互动。后来,伞厂活动区和商店区、伞厂活动区和伞面装饰区以及这三个活动区之间逐渐都发生了有意义的互动。

"小动物家来客人了"(见附录3-1)中,"熊猫家"、"小兔家"和"小猫家"等三个相关程度较高的主题性活动区也是在空间方面邻近设置,目的也是为了引发三家小动物之间能产生有意义的互动,后来在其他因素的影响下,最终产生了诸如串门、在小兔家举办动物聚会等有意义的互动。

活动区空间的相关邻近设置,决定了活动区的空间位置会因与其他活动区之间相关程度的变化而发生调整与变化。换言之,活动区的空间设置不是一劳永逸的,而是需要经常调整的。

在"汽车叭叭"主题活动中,幼儿从家中自带了许多汽车玩具,后来就生成了一个主题性活动区"汽车玩具城"。这一活动区开始时和美工区之间并没有任何联系,故这两个活动区开始时是彼此远离的。但随着主题活动的不断开展,后来产生了利用诸如牙膏盒、牙签、瓶盖、胡萝卜等材料制作汽车的活动,此时主题性活动区美工区中的活动和"汽车玩具城"之间就具有了潜在的有意义的联系,为此,教师自觉地将"汽车玩具城"调整到了美工区旁边。后来,在教师的引导下,两个主题性活动区之间果然发生了有意义的联系:美工区的幼儿会跑到"汽

---

① 案例中,这名"顾客"是由教师扮演的。教师通过"顾客"这一游戏者的角色在潜移默化中实现了对幼儿活动的间接指导。当幼儿自己逐渐养成了一种自觉地在不同活动区之间产生有意义的互动时,类似"顾客"这样能引发与促进不同活动区之间有意义互动的角色就可以由幼儿担当了。

车玩具城"找汽车模型便于自己用各种材料仿制,而美工区的幼儿会把制作好的汽车放到"汽车玩具城"展览。

(三)避免"死角"

出于安全方面的考虑,所有活动区都应在教师的视线范围之内,同时这也有利于教师对幼儿区域活动的观察。

二、通透的隔离物

主题性活动区的空间观主张空间从封闭走向开放,但这是以活动区空间的相对独立性为前提的。也就是说,各活动区都应有自己相对独立的空间范围,便于幼儿在其中开展活动。总之,活动区的空间应是相对独立性与开放性的内在统一。为此,教师就既需要利用一些物品将不同的活动区隔开,但同时又不要完全隔断。通透的隔离物能较好地满足这一要求。

教师采用开放式的栅栏、橱柜、矮柜等通透、低矮的隔离物将不同的活动区分隔开,既为幼儿营造了一个相对独立、开放、可变、通透的活动区空间,便于幼儿开展活动;又能方便地接受周围活动区的活动信息进而与周围活动区产生积极的交流和互动。比如:"点心组"、"娃娃家"、"插花组"三个相关程度较高的主题性活动区在空间邻近的同时,相互之间采用了栅栏作为隔离物。这样,"点心组"幼儿看见"娃娃家"的幼儿做饭,会将自己制作的点心送到"娃娃家"请大家品尝;"娃娃家"根据装饰的需要会向"插花组"预定花艺盆景。

"小动物家来客人了"(见附录3-1)中,教师开始时是采用大型积木将"熊猫家"、"小兔家"和"小猫家"三个相关程度较高的主题性活动区相互隔开,但后来发现由于种种原因,三个活动区之间的互动并不理想。后来教师针对小动物的家在空间方面过于独立与封闭的状况,将不同活动区之间的隔离物换成了竹子栅栏,并用半透明的沙漏进行遮挡。这种活动区之间隔离物的调整,在很大程度上引发了彼此之间有意义互动的产生,如熊猫宝宝看见小兔家桌子上放满了胡

萝卜会问:"小兔,你们家要那么多胡萝卜干吗?"小兔回答说:"这是我们的粮食"……

总之,通透的隔离物在营造了一个个相对独立的活动区空间的同时,有助于引发与推动不同活动区之间有意义互动的产生。

三、空间的动态变化

主题性活动区空间观强调空间的动态性,主要体现在活动区空间位置与大小的动态性。

活动区空间位置的动态性,主要体现在两个方面:首先,是指活动区的空间不局限在活动室四周,而是可以拓展到幼儿园的任一角落,利用幼儿园的任何空间资源;其次,是指活动区空间位置应根据活动需要灵活调整,如"汽车叭叭"主题中,"汽车玩具城"从原来的远离美工区到后来因活动需要而被调整到了美工区旁边。

活动区空间大小的动态性,是指活动区的空间大小应根据活动需要灵活地调整。具体地说,当某些主题性活动区被很多幼儿喜欢并想要参与其中时,就可以通过压缩其他活动区的空间或挖掘与利用潜在的空间资源等方式扩大这些活动区的空间范围;相反,当某些主题性活动区在活动过程中逐渐被幼儿所遗忘或只有很少幼儿参与时,应压缩甚至取消这些活动区的空间。总之,活动区的空间大小不是固定不变的,而应根据活动的需要灵活调整。比如,"滚动"主题中,幼儿开始时可能重点在科学区中开展相关探索,此时就应扩大科学区的空间范围。但随着活动的开展,幼儿可能很少甚至不再到科学区中,而是专注于在阅读区开展相关活动,此时教师就应适时缩小甚至取消科学区的空间范围。"帮植物过冬"(见附录3-2)中,当教师发现幼儿活动的重点从动植物如何过冬转移到如何帮助植物过冬时,就适时地通过将科学区中有关动植物如何过冬的材料转移到小走廊的方式扩大了科学区的空间范围,顺应了幼儿活动的需要。

总之,教师应注意随时观察幼儿参与活动区的情况,及时根据幼儿的活动需要，通过适时调整活动区的空间位置与大小，促进幼儿活动的不断丰富与深化。

四、空间的拓展使用

主题性活动区空间观主张挖掘与利用幼儿园一切现有与潜在的空间资源，强调活动区空间从室内走向室外，甚至挖掘与利用广阔的户外活动场地。幼儿园室外的公共大厅、过道、走廊等空间资源，因其空间的开放性与公共性，更便于吸引不同班甚至不同年龄段幼儿的参与，并引发不同幼儿之间的互动。这些公共的空间资源较为适合设置成共享活动区，或称共享区域。"共享区域往往是在班与班之间相邻的空间，或在某一宽敞、特定地点为全园幼儿，或某些班级幼儿设置的活动区域。""不仅仅是地域的共同拥有，更多的是时间、材料、计划及区域与区域之间的共享。"[①]"小动物家来客人了"（见附录3-1）中，教师在小班活动室前的大厅创设了"熊猫家"、"小兔家"和"小猫家"等三个相关程度较高的共享的主题性活动区，开始时面向所有小班幼儿开放，后来又邀请了部分大班幼儿参与。

[①] 秦元东，王春燕. 幼儿园区域活动新论：一种生态学的视角 [M]. 北京：北京师范大学出版社，2008：94.

第三章 主题性活动区空间的调整技巧

附录3-1 小动物家来客人了[①]

一、"小动物的家"诞生了

　　幼儿园利用走廊、大厅、操场等公共场所设置了不同班级与不同年龄段幼儿可共享的活动区开展相应的区域活动，不仅拓展了幼儿的活动空间和交往范围，更是幼儿经验互动的有效途径。为此，教师也结合近期小班开展的主题活动"亲亲小动物"，在小班教室前的大厅设置了共享的主题性活动区"小动物的家"，分班级创建了"熊猫家"、"小兔家"和"小猫家"。教师采取"相关邻近原则"，旨在引发三个相关主题性活动区之间产生有意义的互动。教师利用大型积木作为隔离物将三个活动区隔离开，使每个小动物的家成为一个相对独立的空间，并利用废旧材料制作了家具及与动物生活习性相关的物品，在每个小动物的家中投放了小动物的食物、服装和玩具，尽量营造"家"的温馨氛围。

　　活动开始时，教师从小班每个教室选取了部分幼儿进入活动区中。幼儿穿上动物服装显得格外兴奋，对活动区中的各种材料也感到很新鲜，一会儿动动桌上的食物，一会儿玩玩具。尽管教师一再提醒"想想看，家里都有些什么成员？爸爸妈妈在家里会做些什么事情？孩子又会做些什么事情"，但幼儿依然各玩各的，同一活动区内幼儿之间的交流甚少，相邻活动区幼儿之间根本没有互动行为。

　　为此，教师采取了以下策略：一是带领幼儿事先参观活动场地，熟悉活动材料，了解其特点、用途和使用方法；二是通过集体活动中的讨论以及回家后观察爸爸妈妈的劳动、生活情景等方式，丰富幼儿关于家庭成员及其关系方面的经验；三是向大班的哥哥姐姐发出邀请，由他们担任"爸爸"、"妈妈"的角色，参与幼儿的活动。

二、"小动物"的初次串门

　　教师到大班邀请了扮演"爸爸"、"妈妈"的幼儿，有了大班幼儿的组织，活

[①] 由浙江省湖州市安吉县实验幼儿园的章洁提供，在此表示感谢。

动区内的活动显得井然有序。在"大人"的帮助下,"孩子们"穿戴好服装,各自扮演着自己的角色。当一名小班幼儿看到醒目的标记图后,她先自己琢磨了一番,然后找来同伴一起讨论,随后"爸爸"、"妈妈"也介入其中,一家人一边看着暗示图,一边操作材料,不一会儿,便把桌上的用具一一对应地放整齐了。"爸爸"提议给"动物宝宝"洗洗澡,于是,"孩子们"一起抬下洗澡盆,由"爸爸""妈妈"抱着"宝宝","孩子们"用毛巾仔细地为"宝宝"洗澡,活动区中不时传来他们的欢笑声……"妈妈"开始做饭了,"爸爸"则开始给"孩子们"讲故事。一家人围着桌子吃完饭后,"爸爸"负责整理,"妈妈"负责洗碗,"孩子"则躺到床上午睡……之后,在教师的提示下,"妈妈"带着"孩子"到邻居家串门,但由于幼儿相互之间不太熟悉,"主人"客套地招待了"客人"之后就不知道说些什么和做些什么,串门活动有点牵强和表面化。

为此,教师采取了两方面措施:一是针对幼儿之间彼此不熟悉的现状,采取了"公共活动场所的设置"的策略,即在三个小动物的家前面的一块空地上设置了开放式的公共活动场所,有鱼池、小动物游乐场、小动物菜园等,吸引幼儿走出自己的活动区,在共同活动过程中增加彼此之间的交流和互动机会。二是针对小动物的家在空间方面相互过于独立与封闭的现状,采用了"通透的隔离物",将不同活动区之间的隔离物换成竹子栅栏,并用半透明的沙漏进行遮挡。半通透的隔离物既形成了相对独立的空间——"家",又便于幼儿通过视觉接受来自相邻活动区的信息,便于引发相邻活动区之间的互动。

三、小兔家的动物聚会

在半隔离的"家"中,幼儿可透过窗户看到邻居家的摆设、成员以及他们的生活状况,有时,相邻的家庭也会彼此打个招呼,说上一会儿话。熊猫宝宝看见小兔家桌子上放满了胡萝卜会问:"小兔,你们家要那么多胡萝卜干吗?"小兔回答说:"这是我们的粮食"……各个家庭还多了一项"户外游玩"内容:三个家庭的动物宝宝在"爸爸"、"妈妈"的带领下来到动物游乐场,在共同游戏过程中,幼儿彼此认识并熟悉起来。熊猫宝宝邀请大家到他们的竹林散步,小猫宝宝邀请大家到自己的鱼塘钓鱼，小兔宝宝带着大家参观他们的萝卜园……。

　　熊猫妈妈带着自己的宝宝来到"竹乡休闲一条街"。在"自选超市"中，熊猫宝宝要求为自己的邻居带上一份礼物，于是选择了小兔爱吃的胡萝卜和小猫爱吃的鱼干。"咚咚咚"，熊猫宝宝敲响了小兔的家门，小兔全家都热情地迎了上来……"打个电话给小猫，大家一起来热闹一下吧！"兔妈妈的提议得到了大家的支持。于是，小兔家挤满了伙伴，大家一起有说有笑，熊猫们不停地介绍自己游玩中的见闻，大家决定要一起组团去旅游。小兔家不时传来小动物的欢笑声……

附录3-2 帮植物过冬[①]

镜头一

冬天到了,教师开展了"寒冷的冬天"主题活动。在集体活动之后,教师根据幼儿的兴趣点将相关材料逐一投放到主题性活动区中。其中,在科学区,教师提供了各种动物和植物过冬的图片。早晨来园时,诺诺和家宁都来到了科学区,各种动植物过冬的图片、书籍吸引了他们的眼球。"有些动物怕冷,有些动物不怕冷,你知道有谁吗?"家宁问。"我知道,北极熊就不怕冷,在冰天雪地里还是一样坚强,我还知道小狗在冬天之前要换毛的,"诺诺兴奋地说。"嗯,我还知道燕子要到南方去过冬,"家宁也不甘示弱地说道。"我也知道……"曦曦这时也参与了进来,说:"我们家旁边的农地里伯伯们都给农作物搭了大大的棚子呢,妈妈说这样庄稼就不怕冷了。""那我们也帮自然角的植物过冬吧?"……

镜头二

"史老师,我们想给自然角的植物搭暖棚,帮助它们过冬,但是暖棚该怎么搭呢?"顺着大家的疑问,教师和孩子一起收集了相关视频,在餐后和课间,引导幼儿自己去观察和发现。有了初步的经验之后,师幼共同讨论搭建暖棚需要的材料,并一起收集了筷子、皮筋、废旧塑料袋、用来压塑料袋边缘的小鹅卵石等。做完这些工作之后,幼儿积极地投入到了操作活动之中:用三根筷子搭出一个三角架,用皮筋做好支架的固定,再用塑料袋帮支架穿好外衣,一个简易的暖棚搭建成功啦!大家拿着搭好的暖棚从科学区出来,绕过门来到旁边的自然角。"等等,还有鹅卵石呢!"川川追着家宁出来,不小心被自然角入口处的矮篱笆给绊倒了。看到这样的情况,教师不禁想,科学区和自然角是相邻的两个活动区,幼儿对自然角中的动植物观察之后,总是要绕过隔断才能来到科学区中,这样既浪费时间,又阻碍了幼儿活动空间的合理利用。于是,为了方便幼儿的活动,教师及时将放在科学区和自然角之间的柜子调整了摆放位置,方便幼儿从科

[①] 由浙江省慈溪市实验幼儿园的史维敏提供,在此表示感谢。

学区直接穿过来到自然角。家宁说:"史老师,怎么这里变成这样了?这样方便多了。"教师听了不禁笑出声来。家宁和川川喜滋滋地将做好的暖棚放在自然角中的吊兰上。

镜头三

诺诺又带来了一本书,书名是《动植物如何过冬》,他兴致勃勃地拿到了科学区给烨烨介绍。"诺诺你让一下吧,我们要搭暖棚了",家宁说。诺诺听了就和烨烨一起让到了一边。不过,他们马上又妨碍到了川川的操作,他们只好离开了科学区,在棋类区中拿了一把椅子,悄悄地躲在旁边看。看到这样的情况,教师想,幼儿在科学区中的活动生成了新的操作内容,但也还有一部分幼儿对之前的内容有继续探究的欲望,这时候就产生了矛盾。如何帮助幼儿解决这一矛盾,满足每一个幼儿不同的学习兴趣呢?教师叫来了诺诺和烨烨,问:"你们是不是挤不进科学区啦?""是的",诺诺撅着嘴巴说。"那让我帮你们想想办法吧。"教师说完,环顾了一下活动室,似乎没有一个空余的地方适合他们。对了,还有外面的小走廊。本来小走廊上就是关于冬天的环境布置,把科学区的动植物过冬的内容放到这里是再合适不过的了。教师招呼着他们把之前科学区的图片、记录表等进行了转移,还搬出两张矮矮的小方凳,放上了大家带来的书籍。诺诺说:"这里真好,不用和川川他们挤来挤去的了。"

案例分析

(1)活动中,幼儿新生的兴趣点是教师深入开展主题性区域活动的关键。在这个过程中,教师所做的工作都是为了帮助幼儿生成新的探究方向,从而在主题性活动区中生成新的操作内容。

(2)由于幼儿在主题性活动区"科学区"的操作需要到自然角中去呈现成果,而科学区和自然角在平时的设置中虽然相邻,但有很多的柜子隔断着,幼儿需要绕过一圈才能到自然角中观察和操作。为了方便幼儿活动,教师将科学区和自然角打通,从中间开出一条小道,便于幼儿在科学区操作后直接走入自然角。

（3）在这个过程中，教师将活动区空间及时进行了调整，将相对封闭的空间开放化，方便幼儿在有联系的活动区中自由活动。同时，随着活动的开展，原先开展的科学区中对动植物如何过冬的探究活动，慢慢转变为了帮植物过冬的内容。可还有一部分幼儿很喜欢之前的探索活动，那教师又该如何帮助幼儿做好衔接呢？为此，教师将科学区中的材料进行分流，将其中有关动植物如何过冬的内容转移到教室的小走廊上，引导对此内容仍然有兴趣的幼儿到小走廊上探索，并做好相应记录，如不同的动物用不同的方式过冬，让幼儿将知识点用打钩的方式记录在旁边的记录表中，方便老师和同伴了解。现在的科学区中则只保留了有关帮助植物过冬的材料，这样可以有更大的空间便于幼儿在科学区与自然角中操作。

第三章　主题性活动区空间的调整技巧

附录3-3　从活动室走向走廊[①]

活动背景

幼儿在园一日生活和学习活动中，所需物品基本都是由保教老师准备和管理的，但幼儿进入小学后需要自己管理的事情增多了。比如他们每天入学要穿着整齐的校服，戴标志小学生的红领巾，要严格按照课表内容准备相关的学习用品，等等。许多幼儿入学后处理不好自己的这些事情，管理不好自己的生活及学习用品，还经常把书包里的橡皮、文具盒、卷笔刀之类的学习用品当做玩具，所以书包里的物品不是杂乱无章，就是缺东少西。小学生活时刻考验着这些即将升入小学的大班下学期的幼儿。为此，教师开展了"入学准备秀秀秀"主题活动，创设了主题性活动区，让幼儿熟悉与小学生相关的学习用品，在了解其用途及使用方法的同时体验小学生的生活。比如在计算区"10元文具店"，教师将收集到的各种各样的文具用品布置成展区，让幼儿在欣赏认识的基础上，学习开展10以内的加法运算。在第二阶段计算区"找找在哪里"，主要帮助幼儿学习看学校平面图，让他们为适应新环境做好充分准备。"整理书包"、"寻找新座位"等活动都是让幼儿在看看、玩玩、做做中，熟悉了解小学学习、生活的基本内容和技能，体验作为一名小学生的光荣。而这样一系列的活动是一个长期的过程，如何让大班幼儿能在开放的环境中持续开展此主题操作活动呢？于是，教师结合走廊文化，通过"我了解的小学"、"我做到的好习惯"、"我学到的本领"、"我们都是绿领巾"四大方面来开展活动，利用幼儿园特有的长走廊开设共享性的主题活动区，让同一年龄段的幼儿有机会走出活动室，得到更加广泛的交流和共享。

镜头一

小宝和伙伴们来到了主题性活动区"美工区"绘画和制作自己的艺术签名，这是教师继幼儿在主题性活动区"语言区"中书写自己的名字和认识同伴名字之后，生成的一个新内容。"看，这个是谁的名字，你们知道吗？""哈哈，就是你

[①] 由浙江省慈溪市实验幼儿园的史维敏老师提供，在此表示感谢。

的名字嘛，龚小宝！""对对！我们把签名贴到走廊上，让其他班级的小朋友也猜猜看吧。"幼儿将艺术签名贴到了外走廊的第三块活动内容"我学到的本领"。在上午的大课间活动中，大班段的所有幼儿结伴来到了走廊上的共享性的主题性活动区。他们睁大了眼睛瞧着走廊上的同伴们留下的活动痕迹，欣喜地讨论着墙裙上的变化。"这是我的签名，我用了树叶和小花来装饰，是不是很漂亮呀？""原来名字可以写成这样的呀，我们也回教室去画画吧。"大(4)班的两个小朋友说着就朝自己班的教室走去。第二天，"我学到的本领"处又多了两张新的签名。

镜头二

"看，这是你的照片，还有我呢。""是啊，我们挂着绿领巾都很神气。""这是大(2)班的×××，这是大(3)班的，还有大(4)班的呢，他们都好神奇哦！我真羡慕他们，我也要继续努力。"大家围绕着绿领巾展示墙谈论着。为了帮助大班幼儿养成良好的学习和生活习惯，教师采用了一种激励的方式——评绿领巾活动。这不，各班在活动区中开展了"我是绿领巾"的评比活动，通过表格形式让幼儿记录自己优秀的表现，在每月初推荐和评比"绿领巾"，然后将评比活动结果用幼儿照片和口号来展现。为了使大班段的所有幼儿能共同分享，教师及时将活动区中的"我是绿领巾"转移到了走廊上，这样不仅让幼儿了解自己班小朋友的情况，还能了解其他平行班中伙伴的情况，从而促进幼儿间的交往，让活动更富有流动性和共享性。

滔滔带来了一张图画和曦曦说："我昨天画了一张漂亮的图画，和我一起贴到走廊上吧。""好的，我也想去走廊上，在黑板上画下我今天是7:00起床，还去跑步了呢！"说完，两个好朋友手拉手到走廊上去操作，在时钟上拨好时间，在旁边的小黑板上画上相应的活动，将自己认为的好的表现、好的习惯告诉伙伴们……

案例分析

为了使幼小衔接的内容贯穿于整个学期，教师将主题"入学准备秀秀秀"进行拓展，将活动区空间从活动室拓展到了长走廊，在走廊开辟了共享性的主题性活动区，让整个大班年龄段的幼儿都能将自己对小学生活在心理和能力方面的准备与同龄人分享。

第四章 主题性活动区材料的投放策略

　　幼儿园区域活动具有自由性、自主性、指导的间接性和个性化等基本特性[1]，其中指导的间接性决定了教师主要通过借助于一定的中介实现对区域活动的间接指导。在对区域活动指导中，教师主要通过两种中介，即教师自身与材料。其中，通过材料投放实现对幼儿区域活动的间接指导是最主要的。总之，材料是幼儿隐性的教师，是幼儿认识的中介和桥梁，更是幼儿开展区域活动的重要物质基础。本章将在简要分析材料观转变的基础上，提出一些主题性活动区材料投放的主要原则与技巧，进而分析活动区材料的年龄适宜性，即适合不同年龄段幼儿的活动区材料的投放问题。

第一节　材料观的转变

　　材料观是关于幼儿园活动区材料的基本看法与观点，主要包括材料是什么、有哪些种类、不同种类材料之间的关系如何、由谁决定和参与及如何投放材料，等等。教师材料观的不同，必然会在很大程度上影响幼儿园区域活动实践。材料

---

[1] 秦元东，王春燕. 幼儿园区域活动新论：一种生态学的视角 [M]. 北京：北京师范大学出版社，2008:2.

观受到幼儿园区域活动指导思想的影响,以生态学思想为基本指导的主题性活动区的材料观必然实现了多方面转变,主要体现在材料的内涵与材料投放者两个方面。[①]

一、材料的内涵:从单个到系统

主题性活动区的材料并非是一个由孤立的单个材料组成的松散集合体,而是一个由处于和具体的材料使用者关系中的、物质与观念复合形态的、不同材料及其之间关系构成的有机材料系统。

(一)材料从客观存在到意向性存在

主题性活动区的材料无法单独存在,而是一种处于和具体的材料使用者关系中的存在,即意向性存在。具体地说,材料的质量、意义和价值是一个关系范畴,是相对于具体的材料使用者而言的。影响材料质量与价值的因素至少包括三方面,即材料、材料使用者以及二者之间的关系。因此,同一材料对不同幼儿以及处于不同时空中的同一幼儿的意义与价值不同;并且,同一材料对于同一幼儿的意义也会因材料与幼儿之间关系(如材料使用方式等)的不同而不同。比如,"落叶"这一材料,对于20世纪70年代前后经常玩"斗老将"游戏[②]的儿童而言,"是宝贵的游戏材料,是非常有价值的;而对于目前生活在城市中的儿童而言,他们很少甚至没有玩过或见过"斗老将"游戏,并且一到秋天落叶很快便会被清洁工人当做垃圾清扫干净,在这样的背景下,他们自然也便将落叶视为没有价值的"垃圾"。

"扎染"(见附录4-2)中,科学区中幼儿扎染的花布后来多得没处放,只好囤积在那里。此时,对于科学区中的幼儿而言,他们主要专注于花布的扎染过

[①] 秦元东.幼儿园区域活动材料观的转变[J].幼儿教育:教育科学版,2008(12):28-29.
[②] 儿童用落叶的叶柄玩的一种游戏,每人各持一根叶柄,十字交叉向各自方向用力拉,谁的叶柄断了谁就算输。这种游戏在很多地区流行,并且使用的材料与具体玩法也类似,但在不同地区的名称存在一定差异,有的地方(如江苏、浙江一带)称为"斗老将",有的地方(如东北)称为"勒筋儿",还有的地方(如北京)称为"拔根儿"。

程，而扎染出的花布对于他们而言意义并不大；后来，当扎染出的花布被拿到美工区后，便成为了制作衣服的布料，此时，对于美工区的幼儿而言，这些扎染的花布就是非常有价值的。

（二）材料从单一物质形态到物质与观念复合形态

主题性活动区强调物质形态材料（如科学区中的小磁铁、回形针等，建构区中的废旧纸箱、积木等）重要性的同时，还非常注重挖掘与利用观念形态材料的独特价值，并强调这两种形态材料之间的有机联系。换言之，主题性活动区的材料是一种物质与观念复合形态的材料。上海市虹口区实验幼儿园研究发现，"……'新材料'也可能仅仅只是一种信息或要求，它在瞬间所带来的新刺激、新目标，会形成新的话题、新的内容"。[①] 这里所说的诸如"信息"或"要求"等，就是观念形态材料。

比如，在大（2）班美工区的幼儿即将把最后一幢房子粉刷完毕之际，教师发布了一个新信息，订货者中（1）班要购买用"彩色瓷砖"铺满外墙的房子。这里，美工区中原来的物质形态材料与新信息这一观念形态材料共同构成了新的材料系统，呈现出不同的意义。在这一新信息的激发下，大（2）班美工区的幼儿创造性地使用现有的物质形态材料，即用水粉笔在白纸上涂画出彩色方格作为瓷砖，然后将其贴在房子的外墙上，成功地制作出用"彩色瓷砖"铺满外墙的房子。

（三）材料从孤立分散到有机联系

实践中我们经常发现，每个活动区都有属于自己的材料，并且要求幼儿把材料整齐地放置在特定位置；一旦发现材料没有被放置在原定位置，就会批评幼儿。每次材料整理环节的重要任务就是要求幼儿将这些被"乱放"的材料放回原

---

① 李建君，主编. 区角，儿童智慧的天地 [M]. 上海：上海社会科学院出版社，2005：39.

处。由开始担心受到批评而不敢到后来习惯成自然不想组合使用两个区的材料，幼儿逐渐养成了在每个活动区中操作只属于这个活动区的材料的习惯。这是以割裂不同活动区的材料，甚至同一活动区中不同材料之间的关系为代价的。此时，不同活动区以及同一活动区中的不同材料成了一个由孤立的单个材料组成的松散集合体。

与此形成鲜明对比的是，主题性活动区的材料观主张不同活动区以及同一活动区中的不同材料在具有相对独立性的同时，更强调这些不同材料之间的有机联系。正是这种内在的有机联系，使这些材料成为一个有机联系的材料系统，焕发出了新的意义和价值，进而会产生"1+1＞2"的效果。

比如，在"奥运会"主题中，建构区的幼儿在搭建游泳馆的跳台时遇到了跳台立不住的问题，于是主动到"奥运资料馆"查找相关的图书资料，最终成功地解决了跳台立不住的问题。这里，建构区的幼儿之所以在遇到问题时能主动借用"奥运资料馆"中的相关材料解决，根源于幼儿关于材料的系统观，即将不同活动区中的材料视为一个内在有机联系的材料系统。但当幼儿自身还没有建立起这样一种系统的材料观时，就需要教师的帮助与引导，让幼儿能逐渐克服孤立分散的材料观，能在不断组合使用不同活动区中的材料进而解决问题的过程中，逐渐萌发与树立有机联系的系统材料观。

迷宫活动中，主题性活动区"美工区"的幼儿正在设计迷宫，教师发现许多幼儿设计的迷宫很简单但他们又不知如何改进，为此将图书区中的一本有关迷宫的图书放到了美工区中。第二天，当幼儿进入美工区中继续设计迷宫时，有幼儿无意中发现了这本迷宫图书，就随手翻看了一下。图书中的迷宫给幼儿的迷宫设计带来了许多启发。接下来的活动中，有的幼儿开始主动到图书区中去查阅迷宫图书，从中寻求帮助。

上述案例中，教师干预下的图书区中迷宫书的巧妙介入，和美工区中的原有材料共同构成了一个新的材料系统，引发美工区幼儿产生了更高水平的区域活动。"扎染"（见附录4-2）中，科学区中幼儿扎染的花布和美工区中其他材料的组合，引发了美工区中幼儿利用扎染的花布制作、装饰衣服的活动。

二、材料投放者：从一元主导到多元对话

一幼儿园两个小班都即将开展有关糖果的活动，为了让家长帮忙带一些糖果，两个小班的教师各自采取了不同的做法：小（1）班教师在活动室外的家长公告栏中张贴了一个通知，内容是："各位家长好，明日请您为幼儿带两块水果糖，谢谢您的合作。"小（2）班教师没有采用张贴通知的方式，而是在晚间离园时请家长到班里做客，与家长聊起了幼儿在园的情况及兴趣点，并向家长详细介绍了所要开展的主题游戏活动，同时请家长帮忙带糖果。结果，第二天，小（1）班几乎所有家长都带来了糖果，但仅遵照通知中规定的那样带了两块水果糖；而小（2）班所有家长都带来了糖果，并且带了很多种类的糖果。为什么会出现如此巨大的差异呢？

正如小（1）班教师那样，实践中，教师在活动区材料的选择与布置方面经常处于主导地位，家长、幼儿虽然也会参与其中，但往往是在不平等基础上的被动参与。家长通常是在不知情的情况下，根据教师的要求被动地提供材料，仅仅扮演一个资源提供者的角色。比如，家长经常被要求提供一些废旧纸箱、饮料瓶等，至于这些材料将用来做什么、是否还有更好的其他替代物等，家长均不得而知，并且很多家长根本没有主动询问了解的意识。幼儿对活动区中材料的选择与布置同样缺少话语权，在教师的指挥下扮演忠实执行者的角色。

与此形成鲜明对比的是，主题性活动区的材料观主张活动区材料的选择、投放与布置等，不是教师一个人的事情，而应广泛动员与引导幼儿、家长、社区相关人员在知情的情况下主动参与，就如小（2）班教师那样。这实现了由原来不知情下的被动提供向知情下的主动提供的根本转变。此时，家长、幼儿、社区相关人员等是在了解了活动目的、内容与计划基础上，作为平等的参与者提供材料。因此，他们在提供材料时就由原来根据教师要求被动地提供材料，转变为根据活动的需要，在听取教师建议的基础上，主动提供一些相关材料，有时甚至

还会提供一些教师意想不到的材料。正如前面"装饰大皮靴"的美术活动中,丹丹家长在了解清楚活动目的后,向教师提供了自己的活动想法和资源。

主题性活动区的材料观强调材料投放者从教师一元主导转变为教师、家长、幼儿、社区相关人员多元对话的同时,并不否定教师相对而言具有更科学的专业知觉、判断与决策能力,在多元中是"平等者中的首席"、"理性的权威"。美国著名心理学家弗洛姆将权威分为理性的权威与非理性的权威,二者的区别主要表现在以下几个方面:首先,"理性的权威是建立在权威的拥有者与受权威制约者双方平等之基础上的,两者仅仅是在某个具体领域里有知识和技术程度上的不同而已";而"非理性的权威的真正本质是不平等","一方是权威,另一方是惧怕,非理性的权威常常建立在这两者的相互依持上"。其次,理性的权威产生于健全的能力之中,在一定程度上有助于他人;而"非理性的权威往往产生于对别人的统治",不利于他人的成长。再次,理性的权威允许并要求督促、批评;而非理性的权威则严禁批评。最后,理性的权威是以职权为基础,是暂时的;而非理性的权威则以权力为基础。[①]作为专业人员的教师,在材料投放者中很多情况下扮演"理性的权威"角色。在多元对话过程中,教师应充分发挥自己的专业优势,引领对话向着更为科学合理的方向发展。在材料投放过程中,面对家长、幼儿、社区相关人员的众多建议,教师要充分运用自身的专业知识和技能,自觉与主动地进行判断与筛选,切忌被动迎合与接受。

第二节　材料的投放原则

为了更好地发挥活动区材料的价值,主题性活动区材料的投放应遵循以下六

[①] 弗洛姆. 为自己的人[M]. 孙依依,译. 北京:三联书店,1988:30-31.

第四章 主题性活动区材料的投放策略

个原则,即安全性、就地取材、废物利用、富于探索性、一物多用和多层次性。

一、安全性

幼儿身心娇嫩,正处于快速成长发育阶段,自我防护意识与能力较差,容易受到环境中危险因素的伤害。因此,主题性活动区材料投放的首要原则即是安全性。

安全性的首要内涵是,投放的材料应符合国家的相关安全卫生标准,对幼儿身心没有危险与安全隐患,并且不会造成畸形发展。这就要求教师在主题性活动区中投放材料时,首先要严格遵循国家的相关安全卫生标准,尤其是在目前倡导废物利用的背景下,一定要对废旧材料进行严格消毒;其次,还要考虑和照顾幼儿的身心发展特点,符合幼儿人体工程学的要求,如活动区中的桌椅及存放材料的柜子等的高度应根据儿童的尺寸进行设计。这里所说的安全性主要是从减少甚至消除材料中潜在危险的角度所说的,是一种所谓的"消极的安全"。

"消极的安全"是保障幼儿安全的基础与前提,但不能无限夸大与强调"消极安全"的重要性,比如不能因为使用剪刀会有潜在危险就不允许幼儿接触与使用,这是"因噎废食"的做法;一旦幼儿处于一个具有潜在危险的环境时,便会因不知如何应对而增加受到伤害的可能性。因此,消极安全的强调应适度,因安全性的另一重要内涵是帮助幼儿培养与提升应对材料中潜在危险的意识与能力,这是一种积极的安全。

"消极安全"与积极安全并不矛盾,二者缺一不可。其中,"消极安全"是基础与前提,积极安全是根本与旨归。教师应适度强调消极安全的重要性,但涉及卫生问题的应严格强调消极安全的重要性,如将医院用的废旧针管投放到主题性活动区之前一定要严格消毒。总之,教师应保证主题性活动区的材料符合国家的相关安全卫生标准,不能对幼儿造成伤害。在此基础上,应以积极安全的强调为主,即帮助幼儿学习应对一些常见的潜在危险(如剪刀的使用等)的方法,增强幼儿的安全防护意识与能力。

二、就地取材

主题性活动区材料的投放强调就地取材，彰显与体现地域特色。比如，走进浙江省湖州市安吉县实验幼儿园，映入眼帘的是琳琅满目的竹制品与竹材料，活动区中也是如此，并且该幼儿园还专门创设了"竹乡一条街"活动区，体现了浓厚的地方竹文化。首先，这能更好地遵循与体现幼儿园教育的生活化原则，因就地取材的材料是幼儿在日常生活中所熟悉的，便于将幼儿的日常生活经验和幼儿园教育相联系，是构建高质量的幼儿园教育所必需的。其次，有助于萌发与培养幼儿对当地文化的认同感。全球化背景下，不同文化间的交流与碰撞日趋频繁与激烈，强势文化内在地具有一种扩张的趋势，弱势文化在自卑等因素的影响下具有一种退缩的趋势。弱势文化中的个体，尤其是年轻一代经常出现"崇洋媚外"的心态与行为，弱化甚至丧失了对本国或本民族文化的认同感。这即是儿童发展的文化安全问题。"走出儿童发展文化安全危机的关键在于强化儿童对民族文化的认同感。"[1] 在富有地域特色的活动区环境中，幼儿探索学习的同时能逐渐受到地方文化的熏陶，进而逐渐萌发与培养对自己生活与身处其中的地方文化的熟悉感与亲切感，为地方文化认同感的发展奠定坚实基础。此外，这还便于家长、社区相关人员的参与。

主题性活动区材料投放的就地取材原则，除了强调从当地选择富有地域特色的材料之外，还强调从当时当地的现有材料（包括富有地域特色的材料、购买的成品材料等）中选取材料，如"打保龄球"（见附录4-3）中的"皮球"、"饮料瓶"等和"扎染"（见附录4-2）中的白色棉布、小橡皮筋、水彩颜料等，这些材料虽然并不富有地域特色，但是幼儿园的现有材料。

总之，主题性活动区材料投放的就地取材原则的核心是，强调从当时、当地幼儿常见的现有材料中选取，包括自然材料、商品材料等；其主旨是充分挖掘与利用现有材料的潜在价值。

---

[1] 秦金亮. 全球化背景下儿童发展的文化安全 [J]. 幼儿教育，2004（7-8）：5.

三、废物利用

主题性活动区材料的投放还主张尽量废物利用。废旧材料的再利用不仅是出于经济的考虑,更是出于幼儿环保意识培养的考虑。在"变废为宝"主题中,教师在主题性活动区"美工区"中就投放了诸如牛奶罐、易拉罐、饮料瓶等废旧材料,幼儿利用这些废旧材料开展了大量富有创意的活动,如把牛奶罐变成了高楼大厦,把易拉罐变成了小高跷,把饮料瓶变成了各种各样的花瓶等。"打保龄球"(见附录4-3)中也充分挖掘与利用了"饮料瓶"这一废旧材料的价值。

在强调废物利用的同时,教师还要重视废旧材料的安全卫生,要以安全性原则为基础与前提,及时与严格地对废旧材料进行消毒处理。

四、富于探索性

主题性活动区的材料应富于探索性,给幼儿留下大量参与和创造的空间,在引发幼儿动手操作的同时还能引发幼儿积极的思维活动,引发与支持幼儿与材料之间的相互作用,引发与支持幼儿的探究活动。

材料的结构性,即材料的特定性,在很大程度上影响材料的探索性,尤其是影响幼儿自由参与、使用与探索材料的空间。高结构性或称高结构化的材料具有十分特定或固定的用途,用途往往较为单一;低结构性或称低结构化的材料具有多样化的用途,或者说用途非特定且较为多元。有研究(Carlsson Paige & Levin, 1990[①];Levin, 1998;Seiter, 1995)表明,高结构化的游戏材料往往只引发单一的游戏行为。比如高结构化的武器玩具只能引发儿童的暴力游戏,商业化的玩具娃娃(如芭比娃娃)只能使儿童认识一种特定的人物角色,而且经常是性别定势的角色。我国学者刘焱曾以两类不同结构程度的材料考察幼儿使用这些材料开展游戏时心理活动的差异:一类是高结构性的材料,是模拟实物的、形象逼真的玩具,如餐具、炊具等,简称为材料A;另一类是低结构性的材料,是半成品、废

[①] 转引自:董素芳. 结构游戏材料投放方式对儿童结构游戏行为影响的研究[D]. 上海:华东师范大学学前教育与特殊教育学院,2007.

旧品，如半个皮球、瓶盖、雪糕棍等，简称为材料B。研究发现，使用这两类不同结构程度的材料游戏时，幼儿的心理活动不同：幼儿使用低结构性的材料（即材料B）游戏时，需要经历一个独特的以"它像什么"为标志的象征建构过程，具有较高的智力发展价值。具体地说，幼儿使用材料A游戏时经历了一个从"这是什么"直接到"它可以用来干什么"的心理过程；而使用材料B游戏时，在"这是什么"和"它可以用来干什么"之间多了一个中介或联系环节，即"它像什么"。[①]正是"它像什么"这一中介的存在，赋予了幼儿在使用低结构性材料过程中广阔的探索空间与无限想象的可能性。

因此，主题性活动区的材料投放应以自然材料、半成品材料及其之间的组合为主的低结构性材料为主，以成品材料为主的高结构性材料为辅，这样便于幼儿以多种方式进行探索与操作。教师在主题性活动区"科学区"中投放了各种各样的瓶盖、记录表（分类记录盖子数量）、记录瓶（在瓶上记录与瓶子相吻合的盖子数量）。教师并没有讲解或规定这些材料的玩法，而是让幼儿自己动脑筋，自由探索。幼儿看到记录表，在探索中慢慢发现了记录表的用途；看到瓶子立刻动手选择适合的瓶盖，渐渐地也了解了瓶子上的记录表该如何使用。此外，幼儿还发现可以把瓶盖向上叠高，还可以根据颜色组合图案……"扎染"（见附录4-2）中，白色棉布、小橡皮筋、水彩颜料等简单的材料给幼儿留下了无穷的探索空间，他们可以尝试将白色棉布染成任何色彩的任何图案；"打保龄球"（见附录4-3）中，皮球、饮料瓶、白纸、水彩笔等赋予了"打保龄球"游戏无限丰富的内容，幼儿可以在白纸上画上春天的景物，也可以画上建筑工人使用的工具，还可以是任何其他东西。随着贴在保龄球上白纸画面内容的不同，游戏的内容就会相应有所变化。

五、一物多用

活动区的材料并非越多越好，数量并非必然决定质量，有时可能反而会有

[①] 刘焱. 象征性游戏和学前儿童的智力发展[J]. 北京师范大学学报：社会科学版，1986（6）：60-62.

损质量，比如过于杂乱的材料反而容易让幼儿分心。为此，材料的投放应追求数量精与质量高。这就要求充分挖掘与利用每一材料的多种潜在价值，实现一物多用。

低结构性材料富于探索性的同时，其功能或用途的多元性也更易于、允许与鼓励幼儿实现材料的一物多用，这也源于幼儿在使用低结构性材料活动过程中"它像什么"这一中介的存在，正是这一中介赋予了幼儿材料的使用方法以无限可能。总之，越原始、自然的材料、加工程度越低的材料，其可变性也相应越强。此外，材料的不同组合方式也会彰显其不同价值。

因此，在主题性活动区材料投放的过程中，在注重投放诸如自然材料、半成品材料等低结构性材料的同时，教师也要注意材料的不同组合方式，尽量充分挖掘与利用每一材料的多种潜在价值。比如，生活中常见的种子就有多种玩法：在科学区，幼儿利用种子进行分类、种植活动，并利用自制的观察记录表观察与记录种子的生长过程；在生活区，他们可以练习用勺子舀种子，用筷子夹种子；在"娃娃家"，种子理所当然成了娃娃的美食。秋天时，无处不见的落叶引发了幼儿的多种玩法：科学区中的幼儿尝试做叶脉书签；美工区中，在幼儿的手中，树叶一会儿变成了百变金刚，一会儿变成小金鱼，一会儿又变成蝴蝶……他们还将树叶的轮廓拓印下来，然后尽情装饰；语言区中的幼儿把美工区中的树叶贴画编成了一个个有趣的小故事；表演区中的幼儿把树叶顶在头上做帽子，或者把树叶串在一起，做裙子……

六、多层次性

个性化是幼儿园区域活动的基本特性。幼儿在区域活动中可以根据自己的水平、按照自己的需要与兴趣，选择自己喜欢的活动区、材料以及材料使用的方式与层次，获得一种个性化的学习与发展。[①] 这就要求教师在活动区中投放的材料能适合与满足不同水平幼儿的需要。比如，在生活区中投放豆子、勺子、玻璃

---

① 秦元东，王春燕. 幼儿园区域活动新论：一种生态学的视角 [M]. 北京：北京师范大学出版社，2008：2.

碗、玻璃瓶、筷子等材料，就能满足不同水平幼儿的需要。幼儿可以根据自己的能力水平，选择直接用手将豆子拿到玻璃碗或玻璃瓶中，或者选择用勺子将豆子舀进玻璃碗或玻璃瓶中，或者用筷子将豆子夹入玻璃碗或玻璃瓶中。如果投放的豆子的大小、玻璃瓶瓶口的大小又是多样化的，那么难度层次又会更加丰富与多样。

除了同一活动区中的材料要能满足不同水平幼儿的需要之外，多层次性的另一重要内涵是指适合不同年龄层次幼儿的活动区的材料应有所不同，即年龄适宜性，如同样是娃娃家，在小、中、大班幼儿的娃娃家中投放的材料就应有所不同。

第三节　材料的调整技巧

实践中，许多幼儿园教师会花费大量的精力在活动区材料的更换上面。比如，数学区中，教师开始时投放了从大自然中捡来的植物种子供幼儿开展分类活动，但过了一段时间发现幼儿不再感兴趣了，为此教师就用形态各异的石子替换种子；又过了一段时间，不得不再用色彩各异的弹珠替换石子……教师通过不断地更换材料来吸引或维持幼儿的兴趣。有些幼儿园甚至要求教师最长不超过两周就更换一次活动区的材料。这种过一段时间就要将活动区中的材料全部至少是大部分更换一遍的做法，在增加了教师负担的同时，是否又能不断地对幼儿提出新的挑战进而促进其发展呢？我们经常会发现，这种材料的更换很多时候只是因其新奇性而暂时吸引了幼儿，并没能对幼儿提出更高的挑战，如数学区中种子、石子、弹珠等材料虽然不断更换，但对幼儿的挑战可以说丝毫没有增加，还是停留在分类上面，只是分类使用的材料发生了变化而已。

主题性活动区的材料投放实现了对更换的超越，强调采用调整，即在原来材料的基础上适时、适当地进行添加、删减、组合、回归等①，通过改变材料系统中的要素以及要素之间的关系，使材料系统焕发出新的意义和价值。

一、添加

添加材料，指"教师在原有材料的基础上增加一部分新材料，使游戏出现新的转机，产生新的涵义，引发幼儿新的探索活动的方法"②。

在主题性活动区"数学区"中，教师投放了多种颜色的纽扣供幼儿开展分类活动，幼儿只要按照纽扣的颜色分类并数数即可。过了一段时间，教师发现幼儿的兴趣有所下降。此时，教师没有采取将纽扣更换成弹珠的方式，而是适时添加了一份记录表，请幼儿将每次抓出的纽扣在记录表中按照颜色分别记录数量。

上述案例中，记录表这一新材料的添加与介入，改变了原来纽扣分类材料系统的要素构成与关系特性，形成了一个新的材料系统，对幼儿的活动提出了新的挑战与要求，即幼儿不仅要对纽扣按照颜色分类，而且要在记录表中按照颜色分别记录数量。

二、删减

删减材料，指"教师在原有材料的基础上减掉一些材料，使游戏出现新的问题情境，从而产生新的游戏的方法"③。

教师在数学区中投放了扑克牌，幼儿只要整理扑克、清点每个大小牌的张数即可。后来，教师从中随意抽取了一张扑克牌。幼儿反复整理了几次都没有成功，之后反复清点，最终发现少了一张扑克牌，然后自制缺少的这张扑克牌，将扑克牌补充完整。之后，教师继续从中随意抽取了若干张扑克牌。

---

① 秦元东. 幼儿园区域活动材料观的转变[J]. 幼儿教育：教育科学版，2008（12）：29-30.
② 李建君，主编. 区角，儿童智慧的天地[M]. 上海：上海社会科学院出版社，2005：38.
③ 李建君，主编. 区角，儿童智慧的天地[M]. 上海：上海社会科学院出版社，2005：39.

案例中，教师通过从扑克牌中随意抽取出一张、若干张的方法，改变了原来只需清点扑克牌张数即可的简单任务，进而提出了更高的挑战与要求，即在找到缺少了哪些扑克牌的基础上自制这些扑克牌将其补充完整。总之，教师通过删减材料的技巧改变了材料系统的要素构成与要素之间的关系，使材料系统呈现出了新的意义与价值。"巧用复读机"（见附录4-1）中，教师通过将复读机中原有的故事录音删除的方法，即删减技巧，在继续激发与维持了幼儿活动兴趣的同时，使幼儿由原来仅仅听故事并摆故事图片跃升为自己录制故事然后播放的更为复杂的活动，即增加了活动的难度与挑战，引发了更为丰富的活动。

三、组合

组合材料，指"教师将原有的两组或两组以上的游戏材料组合在一起，形成一个新的游戏，引起幼儿新的活动的方法"[①]。

教师在主题性活动区"建构区"中投放了积木、塑料插片等建构材料，幼儿正在用这些建构材料制作汽车，但较为单调。为此，教师从主题性活动区"汽车玩具城"中选择了一辆汽车玩具并投放到了建构区中。第二天，幼儿再次来到建构区制作汽车时，无意中发现了这辆汽车玩具，于是开始用建构材料仿制这辆汽车。后来，幼儿开始主动到"汽车玩具城"寻找合适的汽车玩具作为模型进行仿制。

上述案例中，教师通过将"汽车玩具城"中的材料拿到建构区中和原有的建构材料组合在一起，改变了原来两个活动区，尤其是建构区中材料的要素构成与要素间的关系，组成了一个新的材料系统。"扎染"（见附录4-2）中，科学区中幼儿扎染的花布被拿到美工区后成为了幼儿制作衣服的原料，引发了美工区幼儿富有挑战性的制作、装饰衣服的活动，同时也激发了科学区中的幼儿扎染出更多更漂亮的花布。

---

① 李建君，主编. 区角，儿童智慧的天地 [M]. 上海：上海社会科学院出版社，2005：40.

四、回归

回归策略，指教师有意识地"重复"投放之前的一些材料，收到意想不到的效果。具体地说，当幼儿的知识经验或活动需求发生变化时，教师有意识地再次"重复"呈现幼儿之前玩过的材料，虽然材料还是那些材料，但此时的使用者——幼儿——已发生了变化，因此这些同样的材料对已经发生了变化的幼儿而言，价值也就相应发生了变化，并且这些材料在与当前其他材料的组合中也产生了新的价值，最终成为新的材料系统中的一个有机要素，呈现出了新的价值。从这个意义上讲，此时处于新的材料系统中的"这些材料"已不同于处于原来材料系统中的"那些材料"。这里的"重复"不是在原有水平上的简单重复，而是在更高水平上的一种回归。

在主题性活动区"美工区"中，教师投放了牛奶罐、饮料瓶、易拉罐等材料。在"变废为宝"活动中，幼儿利用这些材料开展了丰富的创意活动：把牛奶罐变成了高楼大厦，把饮料瓶变成了各种各样的花瓶，把易拉罐变成了小高跷。后来，在"滚动"活动中，教师将之前幼儿玩过的牛奶罐、饮料瓶、易拉罐等材料，再次呈现在幼儿面前。此时，幼儿利用这些材料进行了物体滚动的小实验。

上述案例中，同样的牛奶罐、饮料瓶、易拉罐等材料，对不同时空中具有不同知识经验与活动需求的幼儿而言，在和当前其他一些材料的组合中，共同构成了新的材料系统。材料系统及处于这一材料系统中的牛奶罐、饮料瓶、易拉罐等材料也发生了相应的变化。因此，这是在更高水平上的一种回归，而非简单地重复。

主题性活动区材料调整的这四种技巧，即添加、删减、组合与回归，在实践中并非单独使用，而经常是综合使用。"打保龄球"（见附录4-3）中，教师就至少综合运用了回归、删减与添加等三种材料调整技巧。具体地说，"勤劳的人们"主题活动中，在语言区的材料投放中，教师采用了回归的技巧，将之前"春天"主题中语言区的皮球、饮料瓶等打保龄球游戏的基本材料又重新投放到了语言区中；采用了删减的技巧，将"春天"主题中语言区保龄球上有关春天的图片拿掉；同时，采用了添加的技巧，在保龄球上贴上新的有关建筑工人使用的工具的图片。通过这三种材料调整技巧的综合运用，顺应与满足了新的活动需要，并且对幼儿提出了新的挑战。

第四节　材料的年龄适宜性

幼儿身心发展的差异性，决定了适宜于小、中、大班幼儿的主题性活动区材料的特质也必然表现出一定的差异性。换言之，适宜于小、中、大班幼儿的主题性活动区的材料在具有一些共性的基础上，更是分别具有不同的核心特质。

一、小班主题性活动区材料的核心特质

为小班幼儿提供的主题性活动区的材料，应具有趣味性和角色性两个核心特质。

（一）趣味性

小班幼儿游戏时，专注性比较差，游戏目标易转移。因此，除了培养幼儿在区域活动时具有一定的规则意识外，富有趣味性的活动材料更能激发小班幼儿活动的兴趣。

材料的趣味性主要体现在两个方面：首先，材料要色彩鲜艳、形象生动，比如玩具区中会发出声音的飞机、汽车等小玩具；生活区中用漂亮的糖纸包的糖块；娃娃区中一个个可爱的毛绒玩具……这些色彩鲜艳、有声、有形的玩具，都能提高幼儿玩的乐趣。其次，材料要生活化。材料最好是来自于幼儿的生活中，并且为幼儿所熟悉和喜欢的，比如在点心店里提供包饺子的材料；在花店里为幼儿提供

各种花束,并提供花泥和花篮,让幼儿学习插花,然后让幼儿拎着花篮去送花等。

实践中,教师应结合小班开展的具体主题活动,投放富有趣味性的主题性活动区材料。

在主题活动"春天在哪里"中,"果果花店"里的"花艺桃花"旨在引导幼儿按自己的意愿选择花瓶、花朵,插出有层次、有美感的一瓶花,并会在花店内招呼客人买自己的桃花花瓶,主动介绍自己插制的桃花。"猫猫点心店"的"清明团",把现实生活中的制作带到了主题性活动区中。"朵朵家"里的"三只蝴蝶"、"小狗的家"、"晒冬衣",把动物的角色融入到了主题性活动区中:"三只蝴蝶"旨在请幼儿邀请客人和自己一起用各种贴纸装饰美丽的蝴蝶,让蝴蝶变得更加美丽,锻炼幼儿的精细动作;"小狗的家"让幼儿尝试为家里的宠物小狗装饰具有春天气息的新家,产生爱护动物的情感;"晒冬衣"帮助幼儿学习整理、归类服饰,加深对冬天服饰的认识。

主题性活动区中富有生活气息、色彩鲜艳、形象生动的趣味性材料,将会促进小班幼儿游戏情节的展开。

(二)角色性

小班幼儿在游戏中经常缺乏角色意识,兴趣和注意力不稳定,极易受外界因素的影响。他们在游戏中的动作交往多于语言交往,更多依赖玩具进行游戏,满足于玩具的摆弄,缺乏交往意识与能力,游戏中反映出的内容比较简单。因此,富有角色性的材料能帮助幼儿在游戏中树立与坚定自己的角色认识,进而促进游戏的开展。

材料的角色性主要体现在两个方面:

1. 材料应具有真实性

小班幼儿的玩具应以形象的生活化玩具为主,以引发他们的游戏兴趣和简单的游戏行为。比如,娃娃家里有色彩鲜艳、形象逼真的锅、碗、瓢、盆、煤气灶、娃娃、奶瓶、围裙,还有逼真的玩具蛋糕、水果、面包和点心等。这些材料符合幼儿的日常生活经验，便于他们操作和模仿。他们可以在娃娃家烧饭、烧菜、喂娃娃喝奶、看电视、洗衣服、往冰箱里放食物等。有了对这些感兴趣材料的操作，他们才会更加牢固自己的角色意识，从而有利于游戏的开展。

2．材料应具有职业性

小班幼儿善于模仿，对新鲜的材料感兴趣。角色游戏中，不同的角落显示了不同角色的职业，如医院里的医生、银行里的工作人员、汽车司机、理发店的理发师等。这些角色的职业不同，所做的工作也不同，那么所需的材料也就不同。比如：理发店里有洗发膏、洗脸盆、毛巾、梳子、椅子等理发用品，还有理发时用的布、刷子、梳子、剪刀、剃头刀、吹风机等基本工具。这些特有的职业性材料更有助于幼儿保持自己的角色。

实践中，教师应结合小班开展的具体主题活动，投放富有角色性的主题性活动区材料。

在主题活动"月儿圆圆"中，教师在点心店投放了面粉、馅等材料，于是，在这里就有了月饼师的角色，同时，在制作月饼的过程中，幼儿能一直持续自己的角色意识。教师又在娃娃家提供了一些月饼礼盒、水果，方便爸爸妈妈带着宝宝送中秋节的礼物。在超市里提供了一些用海绵做的月饼、一些小盒子和丝带，超市工作人员负责包装月饼，客人来购买月饼。同时，在"美美花店"提供"花卉促销"的材料，如打气筒、气球、彩带和各种盆栽等，鼓励花店的服务员为自己的花店做宣传。

二、中班主题性活动区材料的核心特质

为中班幼儿提供的主题性活动区材料，应具有合作性和操作性的核心特质。

（一）合作性

中班幼儿在和同伴一起游戏时，不仅能自己注意玩好，还可以同时照顾其他小朋友。这表明中班幼儿在开展活动时，已能同时注意到几种对象。中班幼儿

喜欢和同伴一起玩，在活动中他们逐渐学会了交往，会与同伴共同分享快乐，还获得了领导同伴和服从同伴的经验，也了解和学会与他人交往及合作的方式。因此，教师应为中班幼儿投放富有合作性的主题性活动区材料。

材料的合作性主要体现在三个方面：

1．材料应引发与便于幼儿间的合作

投放材料时，教师应事先考虑材料操作的合作性，一些材料必须要幼儿互相合作才能完成。比如在"春雨的色彩"的诗歌表演中，教师为幼儿提供了春雨的操作台，同时设计了小黄莺、小燕子和小麻雀的棒偶。在表演讲述时，必须有三个幼儿一起完成，其中一个幼儿扮演小黄莺，一个幼儿扮演小燕子，还有一个幼儿扮演小麻雀；每个幼儿扮演一个角色，表演时按角色分配来讲述对话。

2．同一主题性活动区中的材料应易于引发不同的合作玩法

比如，在数学区里，教师为幼儿提供了按数插花瓣的材料：糖盒子作为花心，在旁边割出插花瓣的口子，用彩色纸剪出一片片花瓣。一名幼儿拿出一个数字放在花心，另一名幼儿则根据数字插相等数量的花瓣。在幼儿合作操作一段时间后，教师又根据幼儿合作操作的需要，给他们提供了记录比较卡：一名幼儿出示数字后，另一幼儿插好相应花瓣，并记录在比较卡中，然后在记录卡中写出这个数字的两个相邻数，如一名幼儿出示数字3，另一名幼儿则在记录卡上做记录，并写上3的相邻数2和4。

3．不同主题性活动区中的材料应便于引发合作玩法

比如，在主题活动"勤劳的人们"中，教师在科学区中投放了白色的纯棉布、水彩颜料和橡皮筋，让幼儿根据自己的喜好扎染白布，扎染好的白布晒干之后被送到美工区；美工区的幼儿把布裁剪成衣服、裤子等，再交给美工区的其他小朋友，让他们装饰这些服装；装饰完之后，把服装拿到数学区，让数学区的小朋友为其标上价格，开展服装买卖游戏。

实践中，教师应结合中班幼儿开展的具体主题活动，投放富有合作性的主题性活动区材料。

在主题活动"秋天在哪里"中，教师在语言区提供了"小小鸟捡花瓣"的操

作台,把儿歌的图片做成折叠式的一本书,幼儿打开这本书就能把书立起来,然后让多名幼儿一起讲述、表演;在美工区提供了"插花"的材料,让多名幼儿一起用杯子等制作、装饰花,做完后插在已经准备好的枝干上,合作完成一瓶美丽的花;在科学区提供"叶脉"的材料:各种树叶、白纸和蜡笔。幼儿把树叶的叶脉拓印下来,然后送到美工区让美工区的小朋友给其刷上水粉颜料,叶脉就突显出来了。

(二) 操作性

随着身心的不断发展,中班幼儿对周围的环境、生活更熟悉了,见到了新奇的东西,总爱伸手去拿、去摸,还会放在嘴里咬咬、尝尝,或放在耳边听听、凑到鼻子前闻闻,他们会积极地运用感官去探索、去了解新鲜事物。中班幼儿在区域活动中的持续时间经常会随材料的操作性而不同,操作性强的材料持续时间长,操作性不强的材料则持续时间短。因此,教师应为中班幼儿提供富有操作性的主题性活动区材料。

材料的操作性主要体现在三个方面:

1. 材料应具有一物多玩性

中班幼儿的兴趣持续时间较短,因此,材料的一物多玩性能吸引幼儿与材料的互动。比如针对瓶盖这一材料,在数学区可让幼儿根据数字放瓶盖,即数字是几就放几个瓶盖;在美工区,可让幼儿用筷子夹瓶盖或用镊子夹瓶盖;在科学区,让幼儿匹配瓶子和瓶盖,学习拧瓶盖等。

2. 材料应具有操作的变化性

材料经过幼儿的操作之后发生了变化,尤其是发生了一些出人意料的神奇变化,这对注意力还不是十分专注的中班幼儿来说,是非常需要的。比如,主题活动"勤劳的人们"中,科学区"扎染"活动中,白布经过扎染之后出现的神奇变化令幼儿非常欣喜与好奇,这给他们的操作带来了乐趣,更能激发他们操作的欲望。

3. 材料应具有操作的可持续性

材料在能吸引幼儿参与的同时，也应引发与便于幼儿持续地进行操作，使材料操作活动不断丰富与深化。幼儿的材料操作方法具有一定的单一性，因此教师应善于组合材料，将多种材料巧妙利用，形成多变的新材料，吸引并便于幼儿开展丰富多彩的操作活动。比如，在主题活动"春天"中，教师在美工区中为幼儿提供了悬挂着的绿布条，让幼儿当成柳条来学习打结。同时，有另一组幼儿正在学习剪迎春花。在两组幼儿操作得富有成效时，教师引导幼儿把迎春花贴在柳条上，这样柳条成了迎春花的枝条，一排柳条就变成了一排迎春花。这有助于推动幼儿的操作持续进行，让幼儿越来越有成功感，让操作越来越有挑战性与趣味性。

实践中，教师应结合中班幼儿开展的具体主题活动，投放富有操作性的主题性活动区材料。

在中班主题活动"热闹的大街"中，教师在建构区中投放了"盖楼房"的材料，包括各种大小的盒子（如香烟盒、牙膏盒、包装盒等）和一些纸板等，让幼儿在不断的材料操作中，搭建各种形状的高楼。搭建完之后，请幼儿拿出绳子、纸条、木棒、竹竿等非标准化测量工具对所造的房子进行测量，这些材料提高了幼儿的操作兴趣。同时，教师在美工区投放了"发型师"的材料，包括各种人头模型、布、毛线、钮扣、绳子、绸带、玻璃绳等，让幼儿操作设计发型：有用毛线卷的卷发，有用玻璃绳编的辫子，也有用布剪出的短发等。

三、大班主题性活动区材料的核心特质

为大班幼儿提供的主题性区域活动材料，应具有探究性和拓展性两个核心特质。

（一）探究性

大班幼儿具有强烈的好奇心与求知欲，认知水平有了很大提高，有探根究底

的愿望并有较强的坚持性。此时，幼儿思维虽仍是具体形象的，但初步的逻辑思维开始萌芽，能初步掌握一些抽象的概念，能按照较高级概念分类，初步理解数概念，能对事物做出简单的因果判断。为了顺应与促进大班幼儿的这一特点，教师应该为大班幼儿投放富有探究性的主题性活动区材料。

材料的探究性主要体现在两个方面：

1. 材料的操作要有一定的难度，具有探究的必要性

探究是幼儿在动脑思考基础上的动手操作，是动脑思考和动手操作交织进行的活动。因此，具有一定难度与挑战性的材料更能引发幼儿探究的欲望。比如，在主题活动"勤劳的人们"中，教师在科学区中投放了"拧螺丝"的活动材料，主要包括各种螺丝和螺帽，要求幼儿通过匹配和拧来完成拧螺丝的操作。这就要求幼儿首先要匹配相应的螺丝与螺帽，再需要学习拧的动作，然后再选择合适的螺丝刀。

2. 材料的材质要多样化，具有探究的可能性

对于爱探究的大班幼儿来说，简单的材料他们能一下子就完成。为了给他们提供探究和对比的机会，教师可以为幼儿提供不同材质的材料，让幼儿在相互比较中探究学习。比如，在玩"磨高粱"活动中，教师为幼儿提供了石磨、捣臼、积木和干高粱等，让幼儿探究哪种材料与方法能更快地把高粱磨碎。同时，教师还提供了疏密不同的筛网，让幼儿探索筛网的疏密不同对高粱碎末下漏速度的影响。

实践中，教师应结合大班幼儿开展的具体主题活动，投放富有探究性的主题性活动区材料。

在主题活动"有趣的滚动"中，教师在科学区中投放了"玩斜坡"的活动材料，主要包括各种高度不同的盒子（用来垫高斜坡的一端）以及大小一样的长方形KT板、纸板和铺有地毯的板子若干块。幼儿既可以根据斜坡陡的程度探究物体下滑的速度，又可以根据斜坡面的光滑程度探究物体下滑的程度等。这些操作都需要幼儿改变材料的方向、高度、表面的粗糙度来进行，对幼儿的操作有着一定的挑战性与可能性。

（二）拓展性

小肌肉运动技能的发展、双手的灵巧性和操作物体能力的增强，使大班幼儿越来越喜欢那些能满足想象和创造欲望的各种多变的材料。他们能长时间专注地探索物体的多种操作方法。在主题性区域活动中，我们将教育目标隐藏在拓展性材料之中，在选择投放操作材料时把握幼儿的年龄特点，考虑材料对本年龄段幼儿的基本适宜性，并以本班幼儿的阶段培养目标为主要依据，力求使材料能满足幼儿现阶段的实际发展需要。

材料的拓展性主要体现在两个方面：

1. 材料应体现与达成不同的教育功能，具有多元价值

多维度设计材料以使材料物尽所用，多功能、多角度地完成教学要求，这是实施与实现材料的拓展性的基本点。教师应探索了解各个活动区中的各种材料所内隐的不同教育功能，将幼儿的发展目标与这些材料的教育功能较确切地对应起来，有目的地引导幼儿开展区域活动。

2. 材料应根据幼儿活动的需要不断变化，具有动态性

实践中，教师应根据幼儿的发展变化，使主题性活动区材料始终处于动态变化之中。每个活动区的活动内容与材料应尽可能地贴近幼儿已有的知识经验，并有利于幼儿循序渐进地获得新的知识经验。因此，教师应根据幼儿的需求发掘材料的拓展点，不断更新、拓展与丰富材料。

实践中，教师应结合大班幼儿开展的具体主题活动，投放富有拓展性的主题性活动区材料。

在主题活动"春天"中，美工区中的活动内容是设计"风筝"。教师为幼儿拓展了操作材料，包括竹棒、纸、布、毛线、绒线、蜡笔、纸等，设置了多个操作点，包括幼儿用细竹棒和纸来制作风筝、用废旧材料来装饰风筝、用蜡笔来绘画设计风筝……幼儿可以根据自己能力的高低与兴趣爱好，自主地选择用何种材料和方法设计风筝。在科学区投放了"磨高粱"的活动材料，包括石磨、捣臼、

积木和高粱等，让幼儿学习磨高粱，磨好之后，幼儿开始把磨好的高粱放在箩筐里，用手一点一点地把高粱壳捡出来。见状，教师拓展了幼儿操作的材料，包括帐子布、纱窗布等。有了随时添加的动态材料，幼儿的操作更具有探索性和拓展性，他们开始探索磨好的高粱粉在不同布中筛漏的情况。

以上对适宜于小、中、大班幼儿的主题性活动区材料核心特质的确定与分析，为教师在实践中的适宜投放提供了基本的参考与指导。实践中，教师应根据幼儿与主题活动的需要，灵活把握这些核心特质，在遵循主题性活动区材料投放原则的基础上，综合运用主题性活动区材料的调整策略，力争为幼儿提供适宜的主题性活动区材料。

第四章 主题性活动区材料的投放策略

附录 4-1 巧用复读机[①]

"五一"前夕,教师开展了主题活动"勤劳的人们"。主题开展过程中,幼儿对故事《螃蟹小裁缝》特别感兴趣。集体教学活动中,故事《螃蟹小裁缝》的教学重点是引导幼儿理解故事,感受小螃蟹的心理变化,因此教师将活动重点放在观察图片、提问与回答上面。活动结束后,鉴于幼儿对故事浓厚的兴趣和对故事内涵深入挖掘的需要,教师设计了《螃蟹小裁缝》的操作材料并投放到了主题性活动区"语言区"。

第一次材料操作实录

《螃蟹小裁缝》的第一次操作材料主要包括故事桌、复读机以及根据故事情节发展制作而成的10幅小图片,幼儿需要边听故事录音边将相应的图片摆放在桌子相应的位置上。琳琳在课间活动时就发现了语言区增添了新玩具,所以自主选择活动区时,选择了语言区。当她来到故事桌前时,思思也来了。琳琳说:"你看,这里只有一个复读机,只能一个小朋友玩。"思思很不情愿地摸了摸复读机,然后慢吞吞地说:"那我在旁边看你玩,等你玩好了,我来玩好吗?"琳琳很高兴有小朋友陪她玩,笑着答应了。琳琳先把耳麦戴到头上,然后拿出故事图片,按下复读机上的按钮,就开始工作了。当琳琳依次在故事桌上摆放故事图片的时候,思思在一边轻声地说着故事中角色之间的对话。等到琳琳全部摆完,思思兴奋地说:"现在轮到我来听故事了。"两个小朋友就这样轮流听故事,轮流摆放故事图片。

材料调整

经过一段时间的听录音故事摆放图片之后,教师发现幼儿对故事已经非常熟悉了,而且选择这个活动内容的幼儿也逐渐减少。因此,在第二轮的区域活动中,教师将原先录制在复读机中的故事删除,而后运用复读机的录音功能,引导幼儿学习录制故事。

[①] 由浙江省慈溪市实验幼儿园的柴维乃老师提供,在此表示感谢。

第二次材料操作实录

当幼儿看完教师对复读机录音功能的示范操作之后，都跃跃欲试。今天围在《螃蟹小裁缝》故事桌前的有盼盼、小远和宁宁3个小朋友。盼盼说："我们都想讲《螃蟹小裁缝》的故事，我们一起轮流。"其他两个小朋友也表示同意。小远第一个，可是在按按钮的时候，小远有些犹豫，不知道该按红色的还是黄色的，一边的宁宁用食指和无名指同时按住绿色按钮和红色按钮，然后轻轻地说："可以开始了。"小远平时虽然是个比较内向的孩子，可是在录制故事的时候声音非常响亮，而且还能把小螃蟹和其他动物之间的对话表演得惟妙惟肖。当小远的故事讲述完以后，盼盼迫不及待地说："我们先来听听，有没有声音。"当小远的声音从复读机中播放出来的时候，大家一阵欢呼，接着盼盼和宁宁也认认真真地讲了故事。活动结束时，教师把复读机中的故事放给小朋友们听，让他们来猜一猜是谁在讲故事，大家的兴致就更高了。

案例分析

（1）增强材料的可操作性，便于吸引幼儿综合运用多种感官进行操作。以往的语言区一般只停留在表演、讲述等单一的层面上，幼儿兴趣不大。在这次的活动中，教师投放了复读机、故事操作卡片等操作性强的材料，使幼儿将听录音故事与操作卡片相结合，激励他们在活动中更加专注与投入，并且能根据图片背面的数字和桌面上的数字进行检验。

（2）充分挖掘复读机的功能，对材料做适当删减，进一步激发幼儿的活动兴趣。以往的区域活动中，一种材料操作完之后，第二阶段就经常被丢弃不用了。但在本次区域活动中，教师挖掘了复读机的不同功能，通过巧妙地删除故事录音的方式，引导幼儿由开始的听录音故事到第二阶段录下自己讲的故事，在对幼儿提出了更大挑战的同时，也进一步激发了幼儿参与活动的兴趣，更为重要的是推动了活动的深化。

附录4-2 扎染

"五一"前夕,教师开展了主题活动"勤劳的人们"。其中,在"小裁缝"的活动开展过程中,教师设计了"扎染"活动,并在主题性活动区"科学区"中投放了方形的白色棉布、小橡皮筋、水彩颜料等相关材料。

幼儿第一次使用效果

当甜甜第一次选择做扎染工作的时候,她特别高兴,用甜甜的声音说:"我好兴奋啊,我可以自己做花布了。"甜甜将扎好的白布小心翼翼地浸在红色颜料水中(红色是她最喜欢的颜色),浸了一会儿,她又小心翼翼地将布从颜料水中拿出,然后迫不及待地拆掉橡皮筋,想看看扎染的效果。红色的颜料从中心点慢慢地散开去,颜色由浓到淡,"哇,好漂亮啊!"甜甜高兴地手舞足蹈,她的情绪一下子感染了其他小朋友,大家在纷纷欣赏甜甜的扎染作品之后,也不由自主地加入了扎染的队伍。大家一边认真、细致地进行扎染,一边互相谈论着自己花布的色彩,有的说:"我的花布盛开了五颜六色的花朵。"有的说:"我的花布下起了一朵朵彩色的雪花。"还有的说:"我的花布要送给小熊做花裙子"……在快乐的工作氛围中,小朋友们扎染出来的布更加五彩缤纷。一开始大家把布晾晒在椅子背上,可是随着扎染工作人员的增多,花布也越来越多,多得没处放了,怎么办呢?

材料调整策略

活动结束时的谈话中,教师就"扎染好的花布怎么办"展开了讨论。幼儿积极踊跃地发表自己的见解,有的说:"晾干后拿到娃娃家去卖布。"有的说:"用一根绳子把花布悬挂起来,让大家参观。"还有的说:"放到美工区请美工区的小朋友设计、制作成漂亮的衣服。"……参考幼儿的建议,教师将科学区的扎染和美工区的设计服装巧妙组合,使科学区囤积的大量花布有了明确的去向。

---

① 由浙江省慈溪市实验幼儿园的柴维乃老师提供,在此表示感谢。

幼儿第二次使用效果

科学区的幼儿将扎染好的花布送给美工区的幼儿,美工区的幼儿收到花布后高兴得不得了。一开始,大家对花布爱不释手,哪里舍得裁剪。于是,教师来到美工区,跟他们说:"这么漂亮的花布,如果能做成娃娃家小宝宝穿的衣服,那该多好啊!"文文马上接话说:"是的,我的外婆会做衣服,我知道怎么做衣服。"瑶瑶也说:"我也要做一件花衣服,送给小熊。"他们你一言、我一语,讨论得异常热闹。接着文文挑选了桌面上的一条裙子模型,熟练地拿起粉笔,在花布上依样画出衣服的模型,再拿起剪刀沿着粉笔划过的线进行裁剪,衣服的式样就这样完成了。紧接着,文文还在裙子的袖子上装饰花边、在裙摆上粘贴小花、在裙子的中间粘上纽扣和装饰蝴蝶结……当文文将自己设计、装饰好的裙子挂在网格架上的时候,引来了周围小朋友啧啧的赞叹声:"文文的裙子好漂亮啊"、"我真喜欢这朵蓝色的蝴蝶结"、"我也要来设计服装"……有了文文做榜样,美工区的小朋友设计、装饰服装的劲头十足。

案例分析

(1)活动区之间的材料组合,丰富了幼儿的活动内容,促进了主题活动的进一步开展。以往,活动区中的操作材料一般是独立的,不同活动区之间互不相干。本次活动中,科学区中幼儿扎染的花布除了晾晒、观赏之后就没有其他的用途了。为此,教师尝试引导幼儿将科学区中幼儿扎染的花布与美工区的材料进行组合使用,引发了美工区幼儿利用科学区中幼儿扎染的花布制作、装饰衣服的活动。科学区和美工区之间材料的组合,在进一步激发幼儿活动兴趣的同时,也引发与丰富了主题性区域活动的内容。

(2)继续扩大不同活动区之间材料组合的广度与深度。幼儿将科学区和美工区的材料进行组合后,俨然形成了一个服装加工流水线,即染布——裁剪——装饰。除此之外,教师还可以将美工区中幼儿制作的衣服拿到表演区与商店等其他活动区,不断扩大活动区材料组合的广度。与此同时,教师还可以考虑引入"订购"的做法,进而深化不同活动区材料组合的深度。具体地说,表演区幼儿根据表演的需要，对美工区幼儿制作与装饰的服装提出具体要求，美工区幼儿接到"订单"后，也会对科学区中幼儿扎染的花布提出相应的要求。由此，便可以在表演区、美工区、科学区等不同活动区之间引发与促进有意义互动的产生。

附录4-3 打保龄球[1]

镜头一

"春天"主题活动中，芝芝和涵涵正在主题性活动区"语言区"里进行"打保龄球"的活动。活动规则是：一名幼儿在距离瓶子两米左右的地方打"保龄球"，打中几个，就把这几个瓶上贴的图片内容用一句话描述出来，比如：幼儿打倒的是贴有"风筝"的"保龄球"，就需说出："我打倒了春天的风筝，风筝五彩缤纷。"另一名幼儿则在纸上记录他打倒了几个，接着由另一名幼儿接着打，游戏轮流进行，直到"保龄球"全部被打完。活动中，先由芝芝来打，她一下子就打中了两个，分别贴有"燕子"与"蝴蝶"。她高兴地拿起这两个瓶子，走到涵涵面前说："我打倒了春天的燕子，我打倒了春天的蝴蝶。"涵涵皱着眉说："不行，你说得还不够好听。"芝芝想了想又说："燕子穿着黑色的衣服，蝴蝶是美丽的。"涵涵这才把装着"保龄球"的盒子给芝芝，两人互相交换，由涵涵来打"保龄球"，芝芝来监督和记录。可涵涵刚开始打的时候，不是把球打偏，就是用力不够，球碰不到"保龄球"。芝芝着急了，主动对他说："闹闹（涵涵小名），我来教你。"说完，就手把手地教他怎样滚球，当球滚过去打倒"保龄球"的时候，闹闹高兴地跳了起来："我也打中了，我也打中了。"说完，他就上前拿起了被打倒的"保龄球"，对着芝芝说："我打倒了桃花，桃花是粉红色的。"游戏继续进行，他们百玩不厌。

镜头二

几个星期之后，芝芝和涵涵又在语言区里玩"打保龄球"的游戏。原来，这次他们玩的是关于"勤劳的人们"主题的游戏。这次是涵涵先打保龄球，他非常熟练地拿起球，对准前面的保龄球猛力一打，倒了三个保龄球，他走上前，拿起这三个保龄球，来到芝芝面前，一个一个地对芝芝说："我打倒了一把建筑工地的铲子，我打倒了一双建筑工人穿的靴子，我打倒了一个建筑工地的榔头。"说

---

[1] 由浙江省慈溪市实验幼儿园的张葵葵老师提供，在此表示感谢。

完，他就把三个瓶子放到盒子中。接着是芝芝来玩保龄球，她也熟练地拿起球扔向保龄球，一扔就打倒了4个瓶子。游戏衔接非常娴熟，一轮又一轮，他们对此始终抱着积极的热情。忽然游戏停止了，原来，芝芝和涵涵正在为量词的使用而争执着。芝芝说："锯子是一把一把的。"涵涵说："锯子是一副一副的。"两人争执不下。争论中，教师来到了他们中间，然后告诉他们："锯子是一把一把的，两个多称为一副。"在教师的引导下，他们终于停止了争吵，继续玩游戏。在有趣的打保龄球的游戏中，他们两人对建筑工地上所使用的工具都能正确地认识，并会用准确的量词。

案例分析

（1）教师通过回归、删减与添加等材料调整技巧的综合运用，顺应与满足了主题活动变化的需要。主题性活动区"语言区"中"打保龄球"的游戏材料在"春天"和"勤劳的人们"这两个不同的主题活动中，基本保持不变，只是将保龄球上原来有关春天的图片去掉，又加上了有关建筑工人使用的工具的图片。这一巧妙的材料调整，在节约了教师大量精力的同时，也顺应与满足了新主题"勤劳的人们"的需要，能持续地吸引幼儿参与，并且更为重要的是在新的主题"勤劳的人们"背景下对幼儿提出了新的与更高的挑战与要求，由原来用丰富的词汇描述春天景物的特征发展为正确使用量词描述建筑工人使用的工具。

（2）在活动区中投放的材料应尽可能废物利用或就地取材。教师利用日常生活中常见的饮料瓶以及幼儿经常玩的皮球作为打保龄球游戏的基本材料，在保龄球上贴的图片，则采用在常用的白纸上添画不同内容的方式设计制作。这些废旧材料或就地取材的材料，具有很强的开放性，如可以根据需要在白纸上任意添画不同的内容，给幼儿留下了更多探索与参与的空间。

第五章 主题性区域活动开展时机的把握

主题性区域活动的依存性与动态性，赋予了其开展时机以灵活性，进而与传统区域活动的开展时机具有了根本差异。本章将在分析主题性区域活动开展时机的转变、原则及其挑战与应对的基础上，分析主题活动三阶段中主题性区域活动的具体开展时机。

第一节 开展时机的转变、原则、挑战与应对

主题性区域活动的开展时机相比于传统区域活动发生了根本性转变，它遵循一种更为灵活的"需要性原则"，这也对幼儿园的课程设置提出了新的挑战。

一、开展时机的转变：从固定到灵活

作为舶来品的区域活动，实践中经常被集体教学或其他活动挤占，开展时间无法保障。随着区域活动日益受到重视，不少幼儿园采用计划或规章制度的形式将每天的某一固定时段用于区域活动，如表5-1中就规定，一天中，10:30—11:00 和 15:40—16:30 两个时段是游戏活动时间，其中包括区域活动。这种将区域活动时间固定与制度化的方式，在很大程度上可避免区域活动时间被其他活动

所挤占或挪用，体现了对区域活动的重视，是一种进步。

表5-1 某幼儿园一日活动安排计划表[①]

时间	活动内容、形式
7:50—8:20	晨间打扫、接待
8:20—8:50	晨间谈话（讨论新闻或幼儿均感兴趣的话题）
8:50—9:00	点名、盥洗、喝水
9:00—9:15	早操
9:15—9:40	教学活动1（活动内容一般由教师在周计划中制订；活动方式多以集体教学为主，但也结合小组与个别学习；一周或一个更长时间段内的活动内容往往依月计划中的主题或单元进行）
9:45—10:05	盥洗、点心、喝豆奶等
10:05—10:30	教学活动2（同教学活动1）
10:30—11:00	游戏活动，包括体育、区域、角色、户外游戏等（多以室内活动为主；教师在游戏内容的选择、活动的组织中起重要作用）
11:00—11:50	盥洗、午餐
11:50—12:30	饭后安静活动或散步，睡前准备
12:30—15:00	午睡
15:00—15:20	起床、盥洗
15:20—15:40	点心
15:40—16:30	游戏活动，包括体育、角色、区域、英语、智力等游戏活动
16:30—17:00	幼儿离园，部分幼儿晚餐（教师与留下的幼儿自由活动一直到离园）

  这种将区域活动时间固定与制度化的方式，在区域活动开展的初期阶段是必要的，在保障区域活动时间的同时，也能逐渐在教师的头脑中确立区域活动的重要性与地位。但这种方式也存在根本的缺陷，即缺乏灵活性。在这种情况下，区域活动开始与结束的时间是固定的，就会经常出现因规定的时间到了而不得不打断幼儿区域活动的现象，比如有的幼儿在规定的区域活动时间内开始时并没有找到适合自己的活动，当后来终于找到了自己喜欢的区域活动并沉浸其中时，但根据计划安排区域活动就要结束了。此时，幼儿刚沉浸其中的区域活动便不得不被打断。这种区域活动时间固定与制度化的方式经常会打断幼儿经验的连续性，也

[①] 表中括号部分内容为笔者根据幼儿园实际活动情况所加。

第五章 主题性区域活动开展时机的把握

不利于充分发挥幼儿园中集体教学、区域活动等不同活动各自的优势以及相互之间互补关系的形成。比如在"春天"的主题活动中，教师正在开展有关树叶的活动，根据活动计划，接下来的集体活动是树叶拓印。但幼儿此前并没有仔细观察过树叶，对树叶的感性经验比较缺乏。这将在很大程度上不利于树叶拓印活动的开展。此时，如果教师能临时改变活动计划，将原定的集体教学时间改为区域活动时间，引导幼儿充分观察、比较不同的树叶，获得有关树叶的丰富感性经验，将更有利于树叶拓印活动的开展，进而实现区域活动与集体活动之间有意义的互动。

和传统区域活动中将区域活动时间固定与制度化不同的是，主题性区域活动强调开展时机的灵活性，开展时机实现了从固定到灵活的转变，遵循的逻辑或原则也实现了从教师的预定计划到幼儿经验发展的内在需要的根本转变。

二、开展时机的"需要性原则"

主题性区域活动的开展时机不再是由教师预定的活动计划所决定，而是遵循幼儿经验发展的内在需要，即"需要性原则"。经验具有相互作用和连续性的特点，其中，连续性强调个体的过去经验对现在及将来经验的影响、现在经验对过去及将来经验的影响，即不同时空经验之间的相互影响。因此，"一个经验具有一个整体"，"每一个完整的经验都朝向一个完成和终结运动"，"它拥有内在的、通过有规则和有组织的运动而实现的完整性和完满性"[1] 同时，"经验的过程就像是呼吸一样，是一个取入与给出的节奏性运动。它们的连续性被打断，由于间隙的存在而有了节奏，中止成了一个阶段的停止，另一个阶段的开始和准备……经验的每一休止处就是一次感受，在其中，前面活动的结果就被吸收和取得，并且，除非这种活动是过于怪异或过于平淡无奇，每一次活动都会带来可吸收和保留的意义。正像随着一支军队前进，所有已经获得的都周期性地得到巩固，同时也将眼光放到下一步要做的事上。如果我们前进得太快，我们就会远离供给基

---

[1] 杜威. 艺术即经验[M]. 高建平，译. 北京：商务印书馆，2005：39, 43, 40.

地，即所积累的意义，从而使经验变得混乱、单薄和模糊。如果我们在取得一个纯价值以后，磨蹭得太久，经验就会空虚衰亡。"[1] 幼儿的经验也内在具有一种向富有"完整性"、"完满性"、"主动性"与"节奏性"发展的需要与趋势。因此，顺应与促进幼儿经验发展的这一内在需要与趋势，就成了确定主题性区域活动开展时机的内在依据与最终旨归。

幼儿经验是一个不断发展与完善的过程，是一个从最初的松散到初步的整合，再到稍高层次的松散与整合，再到更高层次的松散与整合的螺旋式上升的过程。具体到幼儿园中，幼儿在主题性区域活动中通过自己个性化的自由探索而获得一些暂时松散、不完善甚至错误的经验，这些经验就需要整合与完善。此时，集体活动恰恰为幼儿整合与完善自己的经验提供了平台与契机，进而帮助幼儿实现；与此同时，在与教师和同伴的交流中，幼儿将会获得新的灵感、启示与新的挑战，这也将预示和帮助幼儿在更高层次上打破原有经验的整合与完善状态。此时主题性区域活动恰恰又可以帮助幼儿在更高水平的自由探索中，挑战与打破原有经验暂时的整合与完善状态，进而实现经验在更高层次上的松散与不完善……如此循环往复。在此过程中，主题性区域活动和集体活动的开展时机均是灵活的。下面是一位教师关于"集体活动和区域活动的交互运用"方面的探索[2]，较好地体现了主题性区域活动开展时机的灵活性：

观察记录 1

通过集体教学"认识测量工具——天平秤"，幼儿对测量工具有了一定的认识，并且掌握了简单的操作技能。在此基础上，我在数学区里投放了两个层次的材料，让幼儿自由探索。第一层次的材料旨在让幼儿对两个相同的物体比较轻重，如两本书、两块积木等；第二层次的材料旨在让幼儿对两个不同的物体比较轻重，如大塑料瓶与小玻璃瓶、铁块和棉花等。

我发现幼儿在操作第一层次的材料时没有出现什么问题，在操作第二层次的

---

[1] 杜威. 艺术即经验 [M]. 高建平, 译. 北京：商务印书馆, 2005：60-61.
[2] 钱芬. 集体活动和区域活动的交互运用 [J]. 学前教育, 2005（3）：26-27.

材料时,大部分幼儿出现了这样一种定势:体积大的物体重,体积小的物体轻。他们干脆不用天平秤,直接记录哪个重、哪个轻。针对这一问题,我随即采用小组讨论的形式,让幼儿讨论:物体的轻重与物体的大小有没有关系。通过讨论、演示和分析,小朋友们得出了一个比较科学的概念:大的物体不一定重,小的物体也不一定轻,这和物体的材料有关。

集体活动帮助幼儿在短时间内获得了有关测量工具——天平秤的初步经验,主题性活动区"数学区"为幼儿提供了运用这些初步经验的契机。幼儿在数学区获得的个性化经验良莠不齐,如"体积大的物体重,体积小的物体轻"的概念就表明了幼儿此时经验的不完善性。这就内在地需要教师帮助幼儿克服这种不完善性。此时,教师组织开展的小组活动帮助幼儿在分享中反思、整理、提升、修改与拓展自身原有的经验,进而获得了相对更为合理、完善的经验,即"大的物体不一定重,小的物体也不一定轻,这和物体的材料有关"。同时,幼儿也具有了在更高层次上比较物体轻重的经验基础与内在冲动。因此,新的、更高挑战的主题性区域活动便顺势产生了。

观察记录 2

在幼儿学会了比较两个物体轻重的基础上,我又在区域里投放了大量的材料,供幼儿自由选择探索,还在每一层次的材料上编有难易程度的标记及奖励等级。第一,让幼儿对 3 个物体的轻重进行排序;第二,让幼儿对 5 个物体的轻重进行排序;第三,让幼儿学习如何使天平的两边一样重。幼儿根据自己的现有水平选择合适的操作材料,一边仔细地做着实验,一边在纸上记录……

总之,主题性区域活动的开展时机不是由教师预先确定的,而应遵循幼儿经验发展的内在需要,以幼儿经验发展的内在需要与趋势为依据和旨归,灵活地调整与确定主题性区域活动的开展时机与持续时间。

三、开展时机的灵活性对幼儿园课程设置的挑战与应对

主题性区域活动开展时机与持续时间的灵活性与不确定性,对强调计划性的幼儿园课程设置提出了新的挑战,如何以及在多大程度上应对这种挑战,就成为了影响与制约主题性区域活动能否顺利开展以及开展成效的重要因素。

(一)挑战

"课程设置是指学校或其他机构安排的课程的整个范围和特征。它也可以指在既定时间里,安排的那些课程。"[1] 目前,幼儿园课程基本是依学期计划、月计划、周计划与日计划设置安排的。总体看,目前的幼儿园课程设置还是比较强调计划性的,虽然也主张一定程度的灵活性与生成性。幼儿园课程设置的固定性与计划性,在表5-1中得到了部分体现。从表5-1中可以发现,幼儿园课对幼儿在每天的不同时段的活动内容、形式与空间等均有较为明确的规定,当然实践中教师可以根据具体情况进行适当调整,但总体看还是以计划性与固定性为主。

因此,以灵活性与不确定性为主的主题性区域活动的开展时机与持续时间,显然就对以计划性与固定性为主的幼儿园课程设置提出了新的挑战。

(二)应对

要想成功应对主题性区域活动开展时机的灵活性对幼儿园课程设置带来的挑战,以下两点至关重要:

1. 幼儿教师拥有课程设置的自主权是前提

教育在根本上是一种有计划、有目的的自觉活动。因此,幼儿园课程设置的计划性本身无可厚非并且是必要的,其问题的关键不是要不要事先对课程进行规划、安排与设置,而是这种课程设置本身能否在具体实施过程中根据情况灵活调整。实践中,幼儿园课程设置的计划性被许多教师过分强调,进而束缚住教师的

---

[1] 江山野,主编译. 简明国际教育百科全书·课程[M]. 北京:教育科学出版社,1991:132.

教育活动。下面是来自教育实践的一则案例：

南方某一幼儿园的某位教师正根据原定计划开展美术活动，此时活动室外突然飘起了雪花。对于生活在南方的幼儿来讲，很少见到下雪。因此，不少幼儿开始按捺不住，不时往外张望，甚至有个别幼儿已经离开座位跑到了室外。老师看到这些之后，明确要求幼儿必须先画完画，不能往外看，更不准跑出去。就这样，很多幼儿心不在焉地画完了画。但此时，外面的雪已经停了。

案例中，问题的根源在于教师过于执着于原定计划。因此，打破幼儿园课程设置的预定性与确定性，在其计划性中增加可变性与生成性，赋予并鼓励教师在具体实施过程中根据具体情况灵活调整原定课程计划的权利，是从根本上解决以灵活性为主的主题性区域活动开展时机对幼儿园课程设置的挑战的关键所在。

从外界赋予教师课程设置的自主权仅仅是第一步，教师还必须内化并拥有课程设置的自主权，才真正有可能从根本上应对这种挑战。事实上，要想根据具体情况对原定课程设置进行调整，对教师自身的综合素质又提出了新的挑战。因此，从强调幼儿园课程设置的计划性的权威性到赋予幼儿教师课程设置的自主权，再到幼儿教师最终内化与拥有课程设置的自主权，将是一个漫长的过程。

2．洞察幼儿经验发展的内在需要是基础

幼儿经验发展的内在需要与趋势，是主题性区域活动开展时机确定的内在依据与最终旨归。因此，在拥有了课程设置自主权的前提下，洞察与把握幼儿经验发展的内在需要，就成为灵活确定主题性区域活动开展时机与持续时间的基础，自然也就成为了应对挑战的基础。比如，在"比较物体轻重"的案例中，教师就是在精准地洞察与把握了幼儿在主题性活动区"数学区"中获得的经验"定势"的基础上，适时地开展了一次有针对性的小组活动，进而提升与完善了幼儿的原有经验。在此基础上，教师又在数学区中投放了更富有挑战性的材料，进而引发了幼儿更高水平的区域活动。总之，通过观察与分析进而把握幼儿经验的现状、发展的内在需要与趋势，是灵活调整与确定主题性区域活动的开展时机与持续时间的基础。

第二节 主题活动三阶段中的开展时机

主题活动的发展往往经历三个阶段，即孕育、拓展与延伸。在三个不同的阶段中，主题性区域活动的定位、作用与开展时机存在一定差异，这在主题活动"冬天里"（见附录5-1）中得到了较好体现，此处将结合实践简要分析主题活动三阶段中主题性区域活动的开展时机问题。

一、主题活动的孕育阶段

在上一个主题活动即将结束，下一个主题活动开展之前，教师可以借助于主题性区域活动适时地引出新的主题活动。在此过程中，根据新旧主题活动的具体情况，尤其是新的主题活动孕育和产生的内在需要，教师可以灵活地确定主题性区域活动的开展时机。这即是主题活动孕育阶段中，主题性区域活动开展时机的把握问题。

在此新旧主题活动交替与交织的复杂阶段中，幼儿在延续着前一个主题活动快乐的同时，又或者对新材料产生了兴趣，将新的知识、经验、材料和同伴分享。因此，学会"听"幼儿的心声，准确地洞察与把握幼儿的活动兴趣点与内在需要，及时捕捉活动信息，是教师在主题活动孕育阶段，合理确定主题性区域活动开展时机的关键所在。

（一）导入的时机

小班幼儿在开展"亲亲小动物"的主题活动中，逐渐对动物产生了浓厚的兴趣：从看到小动物有点害怕到能伸出小手去触摸它们的皮毛，从乐意观察小动物的外型到关注它们的生活习性，从短时间的关注到长时间的观察，无不体现了幼

第五章 主题性区域活动开展时机的把握

儿在主题活动进程中的丰富变化。

这不，自然角中都是孩子们带来的小动物，金鱼、乌龟、鹦鹉、安哥拉兔子……天气慢慢转冷了，柠柠发现原先好动、好吃的小兔子蜷缩在一角不动了，问教师："老师，你看小兔子怎么了，为什么它闭着眼睛不停地抖呀？""可能是太冷了，你看，我们自己都穿上了毛衣外套了。"教师猜想说。"那怎么办呢？我们要给小兔子换个暖和的窝了。"柠柠一边思考一边在活动区里寻找"暖和的窝"。突然，她在美工区发现了一个纸板箱。"老师，把小兔子放进纸板箱吧，应该会暖和一些。"她兴奋地说。"你的提议真好！"老师表扬了她。

接下来，教师和柠柠两人拿来了纸板箱。为了让小兔子的窝保持干燥，她们把箱子的底部镂空，下面仍用上钢网和浅盘，方便小兔子排便。这样一来，初步地帮助小兔子保暖的工作做好了。可是过了没几天，孩子们又发现小兔的异样，大家分析原因，可能是温度又有所下降造成的。于是，大家又开始想办法帮助小兔。这时，他们发现了在娃娃家中陈列着小朋友过冬的棉袄、棉帽、棉手套。教师说："小朋友过冬要穿棉袄，盖棉被，那小兔是不是也需要呢？""是吧，那我们也给小兔做个有棉被的窝吧。"说完，教师就引导他们用破旧的棉袄、棉絮围在了纸箱的四周，用绳子穿洞而过，将棉絮固定住。果然，在四周都是软棉布包裹的"窝"里，小兔不再瑟瑟发抖……

在幼儿发现小兔冻得发抖时，教师和孩子及时想到了要帮助小兔过冬，并用身边的材料，把小兔的窝从透风的栅栏改造成了挡风的箱子。在这之后，教师想到了天气的转冷，而小兔在这样的环境中也许还是不能适应。与此同时，按照计划接下来即将要开展的主题活动恰恰就是"冬天里"。为此，教师事先在娃娃家中投放了一些有关幼儿过冬用品的材料，包括帽子、手套、棉袄。此时的娃娃家就成为即将开展的新主题活动"冬天里"的主题性活动区。当幼儿发现放进纸板箱的小兔没过几天又出现了异样时，教师适时引导幼儿关注并发现了娃娃家中小朋友的过冬用品，并通过提问引导幼儿用这些过冬用品为小兔制作了一个四周被软棉布包裹的"窝"。

在教师的引导下,"亲亲小动物"主题活动中的主题性活动区"自然角"逐渐转变为即将要开展的主题活动"冬天里"的主题性活动区。实现这一转变的关键是教师洞察与把握住了新旧主题活动的共通之处,即天气变冷对人或动物的影响,并适时对这一共通之处进行了自然地延伸与拓展,即引导幼儿帮助小兔保暖,进而自然而然地转移到了对天气变化的关注,进而将幼儿的兴趣点逐渐转移到了"冬天"上面。在此过程中,教师通过将原来主题活动中的主题性活动区转变为新的主题活动中的主题性活动区,进而通过相应主题性区域活动的开展孕育新的主题活动的诞生。

除此之外,教师还可以将原来的常规性活动区转变为新的主题活动中的主题性活动区。上述案例中,教师在娃娃家中事先投放了幼儿的过冬用品,进而引导幼儿发现与利用这些过冬用品帮助小兔制作了一个四周被软棉布包裹的"窝"。通过将娃娃家从原来主题活动中的常规性活动区转变为即将开展的新的主题活动中的主题性活动区,进而开展相应的主题性区域活动,最终推动了新的主题活动的诞生。

(二)引出的时机

在导入了新的兴趣点之后,教师就需要找到一个合适的时机,通过主题性区域活动引出新的主题活动。

幼儿有了对小兔的帮助之后,他们在活动区中很自然地会与材料积极互动起来,也能开展一些创造性的活动。

在娃娃家中,"妈妈"抱起"宝宝"准备带她去上幼儿园。临出门前,她说:"外面好冷呢,让妈妈给你戴上手套,戴上帽子吧!"妈妈带着宝宝出门了,她们来到了点心店,妈妈要了两个包子和两杯热豆浆。宝宝说:"妈妈,我还要一个冰激凌。"妈妈皱着眉头说:"不行,冬天到了,我们不能吃冰激凌的。"这时,教师也以顾客的身份及时介入,说到:"厨师师傅,冬天你们怎么还卖冰激凌啊?"厨师听了说:"是呀,是呀,我们不卖了,收起来了。"果然,不一会儿,点心店旁的冰激凌机就被撤掉了。在教师的建议下,点心店关于冰激凌、冷饮的招牌取消了，换上了热气腾腾的豆浆海报，另外还增加了新的热卖产品——湖州馄饨。

有了之前自然角和娃娃家两个主题性活动区及其中开展的主题性区域活动，幼儿逐渐积累了一些有关冬天的经验。这又进一步推动与丰富了幼儿在主题性活动区"娃娃家"中的活动。在"妈妈"带"宝宝"上幼儿园途中买食物的过程中，教师及时以顾客的身份介入，更是强化了"冬天"的色彩，并逐渐将"点心店"也转变为有关冬天的主题性活动区。随着有关冬天的主题性活动区的逐渐增多及其中开展的主题性区域活动的不断丰富，新的主题活动"冬天里"也已逐渐孕育成熟，即将正式诞生。

二、主题活动的拓展阶段

经过前期的孕育成熟，新的主题活动正式诞生。在主题活动开展过程中，一方面，主题性区域活动会不断地促进主题活动内容的丰富与深化；另一方面，主题活动内容的发展也内在地要求与催生新的主题性区域活动。在此过程中，根据主题活动发展的内在需要，教师需要灵活、适时地确定相关主题性区域活动的开展时机。这即是主题活动拓展阶段中主题性区域活动开展时机的把握问题。

（一）拓展的时机

主题活动"孩子们眼中的结婚"开展了一段时间之后，教师根据幼儿在主题活动开展过程中产生的新的兴趣点，不断地丰富相关主题性区域活动的内容。比如，在主题活动开展过程中，幼儿产生了装扮婚车与开婚车的新内容。但由于活动区空间有限，再加上大班幼儿喜欢玩棋类游戏，于是，教师建议大家共同制作婚车礼仪队，用下棋的方式，引导幼儿遵守交通规则及婚庆的相关传统。幼儿逐渐通过下棋的过程构建起了新的相关知识，促进了主题活动的拓展。在主题活动拓展阶段，教师应从主题性区域活动的环境创设、材料投放、规则提示、智能学具的运用出发，引导幼儿根据自己的需要，选择相应的活动并与之积极互动，从而逐步体验快乐、制造快乐、生产快乐。这在"帮植物过冬"（见附录3-2）中也得到了较好体现：集体活动之后，教师在科学区提供了各种动物和植物过冬的图片，引发幼儿开展有关动植物过冬的活动，拓展与丰富了"寒冷的冬天"的主题活动内容。当幼儿在科学区中谈到农民为农作物搭大棚帮农作物过冬时，自然而然地适时引出了"那我们也帮自然角的植物过冬吧"这一主题性区域活动内容。接下来，自然角与科学区中为植物搭建暖棚的活动更是拓展了主题活动内容。在为植物搭建暖棚活动的过程中，教师通过引导幼儿观看相关视频、餐后与课间的观察与发现以及科学区和自然角的空间调整，推动了为植物搭建暖棚这一主题性区域活动内容的发展，进而拓展了"寒冷的冬天"主题活动内容。

（二）孕育的时机

主题性区域活动和集体教学之间是积极互动的关系。通过二者之间有意义的互动以及丰富与深化集体教学的内容，进而拓展主题活动内容。

通过集体教学活动"在冬天里"，幼儿学习了根据一幅图或几幅图来造句，教师将这个内容放到语言区中，开展了"说说冬天的感受"的主题性区域活动，引导幼儿用图文结合的方式连线并学说有形容词的句子。操作中有这样一张图：一个小朋友在冬天里冷得发抖，连线的词语是"冷得直发抖"。笑笑一边操作一边和家仪说："冬天真的很冷，你看看图里面的小朋友冷得直发抖了。""是呀，为什么她不多穿点衣服呀？"笑笑说："就是嘛，我们穿上羽绒服，戴上帽子、手套就不冷了。"听着幼儿的谈论，教师说道："是呀，你们的生活多幸福呀，冷了只要穿上厚厚的棉袄，穿上暖和的棉鞋就不冷了。可是，有一个孩子，她在寒冷的冬天却没有鞋穿，也没有棉袄御寒。"笑笑和家仪扑闪着大眼睛急切地问道："是谁呀？为什么？是不是她们家很穷呀？""嗯，你们想知道是谁吗？来听听这个故事吧。"教师打开了语言区的电脑，开始播放故事课件，在语言区中的那几个刚刚还在"游荡"的男孩子也被吸引了过来，认真地听着故事。

区域活动之后，笑笑把这个好听的故事说给了她的好朋友，其他幼儿希望也能听到这么好听的故事。于是，第二天教师开展了集体教学活动"卖火柴的小女孩"，引导幼儿更好地理解故事内容，感受故事中描写的词语和句子，乐意用表演的方式演绎故事，再让幼儿将故事表演带到语言区中去进一步感受和实践。

教师发现两名幼儿在讨论"一个小朋友在冬天里冷得发抖"的图片时，适时介入，通过提问激发了幼儿想要了解故事《卖火柴的小女孩》的欲望与兴趣，进而又通过在语言区中播放故事《卖火柴的小女孩》将这个故事通过笑笑传播给了周围的好朋友，进而激发了全班幼儿想要听这个故事的欲望与兴趣，进而孕育和产生了一个新的集体教学活动，然后又顺势与适时地引导幼儿在语言区中开展《卖火柴的小女孩》的故事表演活动。在此过程中，主题性区域活动在孕育了新的集体教学的同时，又进一步丰富与拓展了集体教学，进而最终拓展了"寒冷的冬天"主题活动内容。

三、主题活动的延伸阶段

随着主题活动的深入开展，幼儿对主题活动的内容有了深入的了解，他们的活动兴趣也将逐渐转移到接下来开展的新的主题活动中。在接下来的主题活动开展中，尤其是初期阶段中，部分幼儿经常还会不同程度地保持着对上一个主题活动的兴趣，因此上一个主题活动的部分内容往往被继续保留在相关主题性活动区中。在此过程中，教师根据上一个主题活动及幼儿的兴趣与需要，灵活确定继续保留与最终退出相关主题性区域活动的时机。这即是主题活动延伸阶段中主题性区域活动开展时机的把握问题。

（一）保留的时机

在"帮植物过冬"（见附录3-2）中，科学区中，当很多幼儿专注于为自然角中的植物搭建暖棚活动时，诺诺带来了一本名为《动植物如何过冬》的书和烨烨一同分享。换言之，这两名幼儿依然津津乐道于之前的活动内容，而这一活动内容和目前大部分幼儿感兴趣并致力于其中的活动产生了矛盾。"诺诺，你让一下吧，我们要搭暖棚了"，家宁说。后来诺诺他们又妨碍到了川川的操作，最后诺诺和烨烨只好在棋类区中找了一个地方继续看书。此时，科学区中之前的活动内容依然吸引着部分幼儿的兴趣，也就依然有继续开展的必要。为此，教师就将科学区中之前的活动内容进行了分流，转移到了小走廊上。这样，一方面继续保留了之前的活动内容，另一方面又保护与促进了目前的活动内容。

（二）退出的时机

在新旧主题活动的交替阶段，教师要在敏锐洞察与把握幼儿活动与主题活动发展需要的基础上，适时地退出旧的主题性区域活动，进而引入与开展新的主题性区域活动。

小班主题活动"亲亲小动物"开展到了一定阶段之后，幼儿的眼前逐渐出现了北风呼呼地吹、树叶凋零了、小草枯黄、水洼处结起了薄薄的冰、天空中飘落下一朵朵的雪花的景象。是的，冬天悄悄地来到了小朋友的身旁。教师抓住幼儿观察到的小兔怕冷的现象，逐步弱化原来主题活动"亲亲小动物"中对动物认识的目标，转移到"冬天里"动物如何过冬，然后逐步过渡到冬天里的其他变化，抓住季节变化的明显特征，引导幼儿走进冬天，去感知和体验冬季的寒冷、新奇、有趣和美丽：玩一玩亮晶晶的冰块，找一找相同的两只手套，撕一撕毛茸茸又洁白的小雪花，听一听北风娃娃呼呼的口哨声，给娃娃穿一穿冬天的小棉袄……在此过程中，"亲亲小动物"主题中的主题性区域活动，如自然角、娃娃家等逐渐退出，进而转变为"冬天里"主题中的主题性区域活动。

从案例中这一系列的过渡可以发现：教师及时抓住机会适时进行调整，从幼儿的关注点出发，逐渐有意识地弱化原来的主题活动内容，相应的旧的主题性区域活动也逐渐弱化与退出；与此同时，逐渐深入挖掘新的主题活动内容，相应地逐渐从一个活动区的内容转换，逐步拓展到几个活动区的内容更换，进而最终实现了旧的主题中主题性区域活动的逐渐退出和新的主题中主题性区域活动的逐渐诞生。

附录5-1 冬天里[①]

北风呼呼地吹,树叶凋零了,小草枯黄了,水洼处结起了薄薄的冰,天空中飘落下一朵朵的雪花——冬天悄悄地来到了小朋友的身旁。小班主题活动"冬天里"的设计就是根据幼儿的原有经验,抓住季节变化的明显特征,引导幼儿走进冬天里,去感知和体验冬季的寒冷、新奇、有趣和美丽:玩一玩亮晶晶的冰块,找一找相同的两只手套,撕一撕毛茸茸又洁白的小雪花,听一听北风娃娃呼呼的口哨声,给娃娃穿一穿冬天的小棉袄……随着主题活动的开展,引导幼儿观察和表现对冬季的认识和感受,进一步激发幼儿对周围环境的关注和乐意亲近大自然的情趣。在主题活动"冬天里"的孕育、拓展与延伸阶段,教师开展了一系列丰富多彩的主题性区域活动,比如在娃娃家提供小棉裤、小棉袄、小围巾和小手套,供幼儿学习给娃娃穿冬季的服装;在科学区提供"冰不见了"的小实验,在操作活动中帮助幼儿认识简单的自然、科学现象。下面将依次呈现主题活动孕育、拓展与延伸三个阶段中开展的一系列主题性区域活动。

表5-2 小班主题性区域活动实施一览表(孕育阶段)

当前主题				亲亲小动物	
孕育阶段	活动区	实施时间	活动名称	材料投放	与其他活动的关系
	自然角	主题活动开展之前	饲养活动"给小兔子做窝"	兔舍一个(大纸盒或兔笼)、软垫或消过毒的棉絮、小热水袋一个	科学活动"亲亲小兔子"的延伸、下阶段主题"冬天里"的孕育
		主题活动开展之前	饲养活动"冬眠的乌龟"	养龟的塑料盒子、潮湿的沙子和稻草若干	科学活动"有趣的乌龟"的延伸、下阶段主题"冬天里"的孕育
	美工区	主题活动开展之前	美工活动"小兔的花毛衣"	"小兔的花毛衣"美工纸、纸团若干、水粉颜料每组两种	美工活动"小兔白白"的延伸、下阶段主题"冬天里"的孕育

[①] 由浙江省慈溪市实验幼儿园的蔡春玲老师提供,在此表示感谢。

表 5-2 续

当前主题			亲亲小动物		
	活动区	实施时间	活动名称	材料投放	与其他活动的关系
孕育阶段	语言区	主题活动开展之前	故事表演"小乌龟晒太阳"	小乌龟、小猫、小狗、小山羊的动物头饰；面包机、故事CD	语言活动"小乌龟晒太阳"的延伸、下阶段主题"冬天里"的孕育
	种植区	主题活动开展之前	"给植物晒晒太阳"	小水壶、室内光照充足的地方	下阶段主题"冬天里"的孕育
分析与反思	鉴于天气转凉和小动物生活环境的改变，教师及时利用"帮助小动物过冬"这一契机，引导幼儿感知季节变化，既将本阶段的"亲亲小动物"这一主题活动内容进行了延伸，又为下一阶段的主题活动"冬天里"有意识地进行了孕育。教师还提出了"如何给植物过冬"的问题，引导幼儿迁移已有的经验探索。这样，关于植物过冬的若干问题就可以在接下来的"冬天里"主题中继续探索。				

表 5-3 小班主题性区域活动实施一览表（拓展阶段）

当前主题			冬天里		
	活动区	实施时间	活动名称	材料投放	与其他活动的关系
拓展阶段	语言区	主题活动开展中期	故事表演"雪花"	相关动物头饰、面包机、故事CD	集体教学语言活动"雪花"的拓展
	科学区	主题活动开展之前	小实验"冰不见了"	冰块若干、小碗、热水、凉水、吸管、棉手套、取暖器、吹风机	集体教学科学活动"冰不见了"的孕育
		主题活动开展后期	"袜子配对"	不同种类和面料的小袜子若干	区域活动"温暖的手套"的延伸
	美工区	主题活动开展中期	美工活动"雪花"	《小朋友的书·美工》、白纸若干、胶水	集体教学语言活动"雪花"的拓展
		主题活动开展中期	美工活动"不怕冷的宝宝"	美工操作材料	集体教学语言活动"我们不怕冷"的拓展
	娃娃家	主题活动开展后期	"给娃娃穿棉衣"	洋娃娃一个、婴儿的开衫小棉衣若干	集体教学社会活动"服装超市"的延伸
		主题活动开展后期	"娃娃过冬"	婴儿的小棉裤、小棉袜、小手套、小围巾若干	娃娃家"给娃娃穿棉衣"的拓展

表 5-3 续

当前主题			冬天里		
	活动区	实施时间	活动名称	材料投放	与其他活动的关系
拓展阶段	小超市	主题活动开展后期	"温暖的手套"	各种面料、花纹的手套若干双、代币券、小篮子	区域活动"娃娃过冬"的延伸
	小医院	主题活动开展后期	"娃娃感冒了"	洋娃娃一个、体温计等	区域活动"娃娃过冬"的延伸
	种植区	主题活动开展中期	"给植物穿棉衣"	干净的棉絮、塑料薄膜、竹制的支撑架	区域活动"给植物晒晒太阳"的延伸
分析与反思	本阶段主题性区域活动的内容主要来自集体教学中的拓展和对前几次区域活动的延伸，如两个美工活动来源于语言集体教学活动，而角色区的活动则来源于幼儿的现实生活。正是主题性区域活动和其他区域活动、集体教学之间多次有意义的内在有机联系，很好地促进了主题活动的发展，同时也促进了主题性区域活动的丰富与深化。				

表 5-4 小班主题性区域活动实施一览表（延伸阶段）

当前主题			新年里		
	活动区	实施时间	活动名称	材料投放	与其他活动的关系
延伸阶段	科学区	主题活动开展之后	科学小实验"我来给冰加加热"	冰块若干、小碗、热水、凉水、吸管、棉手套、取暖器、吹风机 添加材料：小毯子、小炖锅、扇子、手电筒、棉拖鞋	区域活动"冰不见了"的延伸
		主题活动开展之后	"小动物冬眠了"	若干小动物冬眠的图片及可配对的"家"的图片	区域活动"冬眠的乌龟"的拓展。
		主题活动开展之后	"冻冰花"	各种形状的容器、棉线、亮光纸纸屑、水	区域活动"冰不见了"的深化
	美工区	主题活动开展之后	"创意撕贴"	各种颜色的纸张、白纸、胶水、蜡笔	美工活动"雪花"的延伸

表 5-4 续

当前主题	新年里
分析与反思	原来的主题活动"冬天里"结束了,此时的主题活动是"新年里",但部分幼儿仍然对之前"冬天里"主题中的部分内容兴趣浓厚,为此,教师在科学区和美工区中保留了有关主题活动"冬天里"的材料,供幼儿继续开展相关的探索活动。

第六章 主题性区域活动的观察方法

主题性区域活动相比于传统区域活动的独特定位,在很大程度上决定了主题性区域活动的观察具有了许多新的要求与特质,体现出了不同的价值取向。本章将在剖析主题性区域活动观察的一种生态学取向的基础上,具体介绍主题性区域活动观察中常用的工具与方法。

第一节 观察的生态学取向

观察是借助人的感觉器官及其他辅助设备,如照相机、摄像机等,有目的地对人的心理与行为进行考察,以获得资料的一种方法。在主题性区域活动中,观察不仅局限于资料的有目的收集,还包含着对所收集资料的解释,进而采取应对性的教育策略。观察主体所持的指导思想将会不同程度地影响观察的各个方面。以生态学思想为指导的主题性区域活动在观察的目的、角度、内容、解释及(教育)应对等方面均具有了新特点。[①]

[①] 秦元东,王春燕. 幼儿园区域活动新论:一种生态学的视角 [M]. 北京:北京师范大学出版社,2008:124-129.

一、观察的目的

主题性区域活动中,观察的目的除了获取有关幼儿做了什么、如何做以及做得如何等方面的信息之外,更重要的是获取有关主题性区域活动的现状及如何改善等方面的信息,具体包括主题性区域活动与常规性区域活动、集体活动、社区、家庭等的关系;不同主题性区域活动之间的关系;主题性区域活动中材料间、幼儿间的关系等方面的信息,进而解读这些信息,生成教育应对策略,促进主题性区域活动的不断丰富与深化。

二、观察的角度

教师应将包括主题性区域活动在内的幼儿园区域活动视为一个系统,从系统的角度进行观察。具体地说,是从主题性区域活动与非主题性区域活动的关系、不同主题性区域活动间的关系以及主题性区域活动中材料间、幼儿间的关系的角度出发进行观察。

这种观察角度的不同,使得教师将主题性区域活动中需要观察的信息视为幼儿园区域活动系统的一个有机要素,置于和其他要素的关系中进行观察。这使得主题性区域活动中教师观察的内容更为丰富与深入,对内容的解释更合理与深刻,采取的应对性教育策略也更有针对性与有效。

三、观察的内容

主题性区域活动中,教师观察的内容主要包含以下几个彼此间有内在联系的方面:

(一)常规性观察内容

主题性区域活动中,教师需要观察诸如幼儿做了什么、如何做、做得如何等方面的内容,这也是传统区域活动中教师观察的主要内容,称为常规性观察内容。以下是一位幼儿园教师关于幼儿在主题性活动区中活动内容、方式与水平方

第六章 主题性区域活动的观察方法

面的常规性观察内容：①

早餐后，幼儿进入了区域活动时间，先吃完的平时又爱"惹事"的盟盟和向来用餐干脆的浩浩首先进入了美工区，径自取了水彩笔和纸开始画起来。只见盟盟在纸上画了一个大的长方形，用竖线划分开了两格，然后在左格中间画了张正面桌子，犹豫了一下，又画了个与桌子分离的上半身的人（是爸爸），然后用一本大书把人与桌子连接了起来。然后，他又在旁边的格子里快速地画了一台大大的电视机，然后抬起头看看旁边画画的浩浩，抓抓头皮，画了长满卷发的后脑勺，之后放下笔向自己的柜子走去，掏出前几天从家里带来的简笔画书翻了起来，好像没有找到，最后草草地画了一个所谓的看电视的背面人（没有电视机就看不出是看电视的人）。在即将结束的时候，他忽地画了框框把画面围了起来，并在中间开了一扇门，两边相向画上了横线，感觉好像又不对，于是取来了第二张纸，熟练地画了一幢二层楼，一楼开了门，二楼开了窗，还有阳台，房子底下画了横线，分开一段距离又画了一条平行线，上面歪歪扭扭画起了人、树，旁边还画上了亭子……

在结束的音乐响起时，盟盟把画贴在了"我的大作"栏目里。区域活动小结时，教师请盟盟介绍图画内容，他指着画说："这是我爸爸在书房看书，这是我和妈妈在客厅里看电视。"他又指另一张说，"这是我家门口对面的公园，那里有树、有亭子，有人坐在那里，是傍晚的时候。""哦，你今天早上画画很专心，介绍得也不错，除了画自己的家，还把家对面的公园也画出来了。"教师及时给予了鼓励。"老师，我也画了家旁边的小店，"浩浩说。教师仔细一看，浩浩的画面边上的确有一个不起眼的小房子，这就是他所谓的小店吧。"老师，我家旁边是假山，还有流水。""老师，我家从窗口可以看到对面的大海，还有船……""好好，你们一个一个讲。"教师看着跃跃欲试的幼儿说。

主题性区域活动中的常规性观察内容不是孤立的，而是处于和其他有关信息

---

① 由浙江省舟山市舟山幼儿园教育集团的娄敏提供，在此表示感谢。

的关系之中,为此教师还应观察捕捉以下方面的信息。

(二)关于主题性区域活动和非主题性区域活动之间关系方面的信息

主题性区域活动和非主题性区域活动关系方面的信息主要包括:幼儿在主题性区域活动中的活动内容、方式与水平等?与之前的常规性区域活动、集体活动、社区或家庭等有什么关系?主题性区域活动之前的非主题性区域活动对幼儿的主题性区域活动产生了哪些影响?主题性区域活动中,幼儿的哪些经验有待丰富与完善?为何时、如何开展及开展什么样的非主题性区域活动提供了哪些信息……比如,在"比较物体轻重"案例中,教师发现幼儿在数学区中获得的经验"定势"的存在,就为接下来的针对性的小组活动的开展提供了信号。

这方面的观察内容主要是为了帮助教师捕捉有关何时与如何开展有针对性的非主题性区域活动方面的信息与信号,进而为促进主题性区域活动和非主题性区域活动间的互动提供契机、内容与方式。

(三)关于不同主题性区域活动之间关系方面的信息

不同主题性区域活动之间关系的信息主要包括:不同主题性区域活动的活动内容、方式与水平怎样?不同主题性区域活动之间的互动情况如何?这种互动状况与幼儿在主题性区域活动中的活动内容、方式与水平之间有何关系?这种互动状况中哪些方面不利于或促进了幼儿主题性区域活动的丰富与深化?如何进一步激发与促进各主题性区域活动之间的互动……比如,在"帮植物过冬"(见附录3-2)中,教师发现科学区中的幼儿需绕过一圈才能到自然角中观察和操作,而科学区与自然角之间的柜子已不利于幼儿活动的开展,这就为教师调整科学区与自然角的空间提供了信号。为此,教师在科学区和自然角中间开出一条小道,便于幼儿在科学区操作后直接走入自然角。

这方面的观察内容旨在帮助教师捕捉有关何时、如何以及哪些主题性区域活动之间开展互动、拆分或组合等方面的信息与信号,进而促进不同主题性区域活动之间的互动。

第六章　主题性区域活动的观察方法

（四）关于主题性区域活动中幼儿之间关系方面的信息

主题性区域活动中幼儿之间关系方面的信息主要包括：同一或不同主题性区域活动中的幼儿之间的关系如何？这种关系对幼儿参与主题性区域活动的内容、方式与水平产生了哪些影响？如何改善幼儿之间的关系……以下是一位教师关于幼儿之间关系状况的观察内容：①

这几天的美工区，幼儿积极参与到了"我家附近"的绘画活动中来。幼儿画面上歪歪扭扭的马路在增多，还出现了简易的路标。只见东东和浩浩把各自画好的图画进行左右上下地拼摆，最后还是摇摇头。东东说："我家在你家的左边。"浩浩说："是我家在这里的。""不是的，很难连的，中间还有一条马路，我们加一张纸贴起来吧，"东东提议道。"我们重新画好吗？我们把两家的路通在一起，"浩浩说，"要张大纸。""老师，帮我画一条到学校的路好吗？我妈妈说我家在学校的西面"，雨捷请求老师帮助。"我会的，我帮你"，班中的学习能力较强的艾艾在一旁边说边在雨捷已画好的房子（自己家）左边画了两条横线作为马路，而最左边则是学校的大门。"东面，帮我写上"，雨捷说。艾艾抬头想了想，跑到人文区，拿出中国地图，对了对图画，在图画的右边写上了"东"字（与实际方向相反），在图画纸的左边写上了"西"字（与实际方向相反），上面写了"北"字，底下写了"南"字……

这方面的观察旨在帮助教师捕捉有关何时与如何促进幼儿之间有意义的互动的信息与信号，进而促进幼儿之间的互动不断丰富与深化。

（五）关于主题性区域活动中材料方面的信息

主题性区域活动中材料方面的信息主要包括材料的难度与使用情况、同一或不同主题性区域活中材料之间的关系，具体包括：主题性区域活动中的材料是否

---

① 由浙江省舟山市舟山幼儿园教育集团的娄敏提供，在此表示感谢。

丰富？是否富有层次性？幼儿是否有足够的参与空间？是否需要以及如何调整材料……以下是一位教师关于主题性区域活动中材料状况的观察内容：①

  自教师把"我家到学校的简易交通图"（地图上标明了学校分别到沈家门和到定海的下车站点，便于幼儿寻找自家位置）投放到人文区后，到人文区的幼儿人数逐渐增多，他们陆续在这张交通图上找到了自己家的大致位置，并用自己的方式如画圆点或写名字进行标明。两天以后，岑岑在美工区画好了自己的家并粘贴在人文区的地图上，接着，其他幼儿纷纷仿效，也画好了家粘贴在地图上。登廷、紫玄等幼儿还在家的窗户上画了自己的头像，小玄则用美工区中的蜡光纸在地图的马路两旁"栽了树"……

  美工区的角落里，四五个幼儿围在一起看着什么，只见萧萧和佩林拿着从棋类区挪用的旅行棋"小人"，在一张比较精致的"我家到学校的路"的线路图上行走，那是佩林从家里带来的父女俩合画的线路图。线路图上画好了1—15的数字，表示经过的站头。两个女孩子玩得很开心，观看的幼儿也被感染着笑了……

这方面的观察旨在帮助教师捕捉有关何时与如何调整主题性区域活动材料的信息与信号，以促进主题性区域活动材料的优化。

以上列举了主题性区域活动观察的主要内容，除此之外，教师还应观察以上不同方面之间的关系状况。总之，在主题性区域活动中，教师的观察应立足于幼儿园区域活动系统，观察内容要更为丰富与深刻。需要指出的是，这并非意味着教师每次观察都必须平均涉及这些方面，而是应该有所侧重。

四、对观察的解释

  观察并非仅仅是对资料的有目的收集，更重要的是对这些资料进行解释，以便于采取应对性的教育策略。"由此可见，'纪录'儿童的学习或教师的教学活动，不只是关注或赞叹儿童的作品，也不只是对儿童和教师的语言及行为的知觉和记

---

① 由浙江省舟山市舟山幼儿园教育集团的娄敏提供，在此表示感谢。

忆，更重要的是对记录下来的信息进行意义的建构和解释。即教师通过重温、反思、对话等方式，对记录下来的关于儿童学习和教师教学活动的信息进行解读，并赋予教育意义，这才是'纪录'的核心所在。"① 这对于主题性区域活动中教师的观察而言，更是如此。

传统区域活动中，教师对所收集到的资料的解释主要是"就事论事"，比如在解释某一主题性区域活动中某一幼儿的活动状况时，主要是从这一幼儿的发展水平、特点等方面解释，也就是说主要从这一特定幼儿的角度解释。与此形成鲜明对比的是，主题性区域活动中，教师对资料的解释体现出了明显的系统论思想，即从幼儿园区域活动系统的角度对所收集的资料进行解释。比如同样是解释某一主题性区域活动中某一幼儿的活动状况，在考虑这一特定幼儿的发展水平与特点的同时，更要考虑这一幼儿在非主题性区域活动中的相关经验，以及这一幼儿与其他幼儿的关系状况。这样的解释更科学合理与深刻，据此生成的教育策略也将更为有效。下面是对娄敏老师就幼儿在美工区的活动状况的常规性观察内容所做的解释，就较好体现了系统论的思想。②

第一，幼儿主题性区域活动内容反映了集体活动中的经验在活动区中的拓展和运用。

之前的美工区幼儿大都选择印染画，而今天两位幼儿首选了绘画"我的家"，这与现阶段正在进行的"我的家"主题活动非常相关。围绕"我的家"主题，班级开展了谈话活动"聊聊爸爸妈妈最喜欢干什么"、集体谈话活动"我的爸爸妈妈"和绘画活动"全家福"，尤其是谈话活动"我的爸爸妈妈最喜欢干什么"对本次主题性区域活动中出现的画面内容影响最大，如盟盟的画面就是谈话内容的写照。本次主题性区域活动中表现出的活动也正是幼儿在集体活动中经验的拓展、提升和运用。

第二，幼儿主题性区域活动的方式和状态反映了幼儿某些经验有待于在集体

---

① 张婕，朱家雄. 教育意义的生成是"纪录"的核心 [J]. 幼儿教育：教师版，2005（5）：18.
② 秦元东，王春燕. 幼儿园区域活动新论：一种生态学的视角 [M]. 北京：北京师范大学出版社，2008：131-132.

活动、社区和家庭中整理、提升与丰富。

从幼儿绘画的神情、动作可看出,幼儿画看书的爸爸时"犹豫了一下"、画看电视的妈妈时"放下了笔",想办法翻看自己的图画书。通过处于班级绘画水平中等的盟盟来纵观全班,班里幼儿对人物的动态绘画经验尤其是人与物之间的关系方面尚有欠缺,还需提升。

幼儿翻看自己的小画书,试图画出看电视的妈妈,说明幼儿有寻求书籍仿画来解决困难的想法和行动,同时也给教师提供了可鼓励幼儿去家中及社区书店寻找相关简笔画书籍投放于活动区的信息与信号,或提醒家长带领幼儿阅读书店中或图书馆中关于简笔画的书籍,甚至可提醒幼儿请教相关人员。

第三,幼儿主题性区域活动的兴趣和水平为集体活动提供了有意义的课题。

"我的家"栏目开辟有一周了,从幼儿的绘画作品可看出,幼儿从关注自己家里有什么、家人一般会干什么逐渐转移到自己家旁边的景物、自己家在哪里。从主题性区域活动小结环节发现,幼儿有表达自己家附近有什么的愿望。教师可进行有效回应,把它作为随后的集体活动内容,开展"我家附近"的教育活动。这需要丰富和积累幼儿有关"我家附近"的经验,挖掘与利用家长和社区资源,帮助幼儿开展相关活动。比如,在家长的带领下注意观察自己家附近的环境,在家长的帮助下调查自己家所在社区的相关情况,认识周围的社区及自己家所在的大致方位,等等。这势必又将反过来推动相关主题性区域活动的不断丰富与深化。

五、观察的应对

教育中,观察的一个重要目的是采取有针对性的教育策略。传统区域活动中,教师往往采取"脚痛医脚"、"头痛医头"式的教育应对。与此形成鲜明对比的是,以生态学思想为指导的主题性区域活动中,教师是通过改善幼儿园区域活动系统来解决某一具体问题。下面是在对上述娄敏老师的观察内容解读基础上采

第六章 主题性区域活动的观察方法

取的教育应对,就较好体现了这一思想。①

第一,开展相应的集体活动:激发与深化主题性区域活动。

针对主题性区域活动中幼儿关于人物绘画技能的欠缺,教师在集体绘画活动中,集中幼儿共性,重点讨论与帮助幼儿掌握了三种典型的动态人物画法:坐于桌前看书的正面人、坐在沙发上的背面人、扫地人。需要说明的是,由于幼儿在主题性区域活动中遇到了这方面的问题,并迫不及待地想要解决,此时教师适时介入与指导,顺应了幼儿发展的内在需要;同时,幼儿在主题性区域活动中已经有了这方面的相关经验,如案例中的盟盟运用自己现有的绘画知识技能,尝试着表现正在看书的爸爸、看电视的妈妈和自己,虽然表现得还比较稚嫩,但这种尝试为其积累了一定的经验,在此基础上,教师围绕如何表现不同动态的人物开展集体活动,可以很好地帮助这些幼儿对自己已有的经验进行整理、丰富与提升。前者为幼儿的学习提供了一种心向、倾向或愿望,后者为幼儿的学习提供了"先行组织者",两个因素共同作用,使幼儿的学习成了美国心理学家奥苏伯尔所说的"有意义学习"。

抓住主题性区域活动中幼儿对家附近感兴趣的信息,教师进行有效回应,跟进集体活动"我家附近",从而深化幼儿的主题性区域活动,并反过来进一步激发幼儿开展更加丰富与深入的主题性区域活动,由此在集体活动和主题性区域活动之间形成一种积极的互动,推动主题性区域活动的不断丰富与深化。

第二,开展相应的社区与家庭活动:丰富、深化与推动主题性区域活动。

针对幼儿有寻求书籍仿画的需求,教师发动幼儿去社区书店或家中找寻和翻阅有关人物的简笔画图书,投放在阅读区;在美工区的橱壁上开辟"我家……"的栏目,提供幼儿展示的环境。

针对生成的下一个教育活动"我家附近",教师可以利用家长和社区资源,帮助幼儿做好活动前的知识准备。教师应提醒家长带领幼儿认识一下自家附近的建筑、商店、马路、社区景观等,可以用照片、摄像、绘画、文字等方式记录下

---

① 秦元东,王春燕. 幼儿园区域活动新论:一种生态学的视角 [M]. 北京:北京师范大学出版社,2008:132-133.

来并带入幼儿园，让幼儿了解一下自己的家在本区的哪个方位以及周围有什么标志性的东西。这些将极大地推动幼儿集体活动和相关主题性区域活动的不断丰富与深化。

第二节 观察的主要工具与方法

实践中，教师应灵活地综合运用多种工具与方法，对主题性区域活动的多方面信息进行观察，进而采取针对性的教育应对策略。本节将结合实践，介绍一些主题性区域活动观察中常用的工具与方法。

一、观察工具

实践中，教师在主题性区域活动观察中经常使用的工具可以粗略地划分为传统观察工具与现代观察工具两大类。其中，传统观察工具主要是指文本记录，即观察者采用文字或图画等手工记录的方式记录自己的所见、所听与所思，涉及诸如纸、笔、记录表等观察记录工具。现代观察工具主要包括照相机、复读机、摄像机、录音笔、手机等，其中照相机主要被用来拍摄幼儿作品、主题性活动区材料以及幼儿和材料互动的片段等；复读机主要被用于观察语言区、阅读区，录制幼儿朗诵诗歌、看图说话、讲故事、自编图书等；摄像机可以被用于拍摄某一主题性区域活动的整个过程或片段，可以完整记录主题性区域活动的声音、图像等丰富的信息；录音笔主要被用于记录幼儿及其之间，或者师幼之间的谈话或对话；手机，尤其是现代智能手机，具备了拍照、摄像、录音等多种功能，并且较为普遍，因此在实践中被广泛用于主题性区域活动观察中。

不同的观察工具各具优势与劣势，传统文本记录是观察者通过亲身、近距离

第六章　主题性区域活动的观察方法

接触幼儿观察所得，记录材料更具真实感。同时，教师在记录时能及时将当时的想法记录下来，带有一定的即时判断；但其劣势在于观察者的表达能力各异，同时记录时更会加入一些主观想法，从而影响对整个活动的判断。而现代观察工具能记录活动的过程、细节，并便于长期保存观察内容，易于长期系统地观察分析；但其劣势是有时录制的内容现场感不强，同时受到观察者使用设备水平不一、录制角度选择等主观因素的影响而影响观察效果。因此，教师在主题性区域活动的观察实践中应灵活地综合选择和运用多种观察工具。在选择和运用观察工具的过程中，应注意综合考虑以下几个方面：

（一）根据观察目的选择工具

教师首先应根据观察目的合理地选择观察工具，如果观察的是幼儿和主题性活动区材料的互动，那么以选择传统观察工具为主，有时辅以摄像机等现代观察工具。比如，在观察幼儿艺术字创作活动的过程中，教师选择了传统观察工具详细记录了幼儿在操作过程中的情绪变化与思维变化；而幼儿最后的成品则采用了数码照相机进行记录，这样保存更长久，也方便观察者分析记录。在观察主题性活动区材料时，选择数码照相机则会更合适一些，语言的描述毕竟有些偏差，照片则更为直观一些。

（二）根据主题性活动区特点选择观察工具

不同的主题性活动区使用的观察工具也经常会有所不同，尤其明显的是语言区，观察时大多可以使用复读机、录音笔等能录制幼儿讲述内容的工具，摄像机则可用以拍摄幼儿在语言区开展的故事表演、儿童短剧表演等内容。而美工区等一些有幼儿作品呈现的主题性活动区，幼儿的操作过程和操作结束时的作品都可以用数码照相机进行拍摄记录。

（三）根据工具特点选择适宜的观察工具

不同的观察工具各有其特点，在主题性区域活动的观察实践中，观察者应根据工具本身的特点合理选择适宜的观察工具。数码照相机能捕捉幼儿瞬间的活动情况,观察者可使用其记录到原先不曾预料到的内容。比如抓拍,观察者通过抓拍活动内容,然后再回忆当时场景,分析幼儿主题性区域活动情况。又如在主题性区域活动中,教师要统计观察结果,使用手工的方法对观察数据进行分析是一件工作量很大的任务,如果需要进行精确的分析就更困难了,此时利用计算机里的一些软件就能有效地改善手工分析的不足,可以快速地对观察数据进行分析。

二、观察方法

根据记录方式与结果处理的手段,观察可以分为定性观察与定量观察两大类。其中,定性观察又被称为非结构性观察,是指观察者依据简要的观察提纲,在观察现场对观察对象进行详细的、多方面的记录,在观察后根据回忆加以必要的追溯性的补充与完善的一种观察,其记录方式主要包括描述体系、叙述体系、图式记录和仪器记录;而定量观察又被称为结构性观察、系统性观察,是指观察者事先运用一套定量的结构化的记录方式进行观察,其记录方式主要包括时间取样记录、事件取样记录、项目清单、等级记录。[①]

(一)定性观察

定性观察记录方式主要包括描述体系、叙述体系、图式记录和仪器记录四种。在主题性区域活动观察实践中,教师可以灵活地综合运用这些方法。

1. 描述体系

描述体系,是指在一定的分类框架下对观察目标进行的除数字之外的描述,既属于分类体系,同时又属于开放定性的体系。实践中,观察者往往抽取较大事件的片段,同时对行为的各方面进行记录,以形成对某个方面的整体认识或

[①] 秦金亮,吕耀建,杨敏,编著. 幼儿教师学做研究——学前教育研究方法新视野[M]. 北京:新时代出版社,2008:81-82.

概念。①

描述体系可以广泛适用于任一主题性活动区，但更适合用于语言区和美工区的观察。语言区和美工区的活动材料较多，活动过程较长，并且活动效果不明显，教师需要借助观察活动的过程来判断整个活动，而描述体系避免了只看活动结果而忽视活动过程的弊端。描述体系易于和便于教师了解幼儿和材料的互动情况、幼儿与幼儿之间的互动情况、阶段性材料变化的缘由等。描述体系中，对活动场所的描述可以借鉴表6-1。

表6-1 活动场所描述记录表②

观察项目	记录内容
空间	物理位置或场所
时间	观察的时间及事件发展的时间顺序
环境	现场呈现的物质环境
行动者	介入的人
事件、活动	人们所做的系列相关行动
行动	人们所做的单一行动
目标	人们正在完成的事情
感情	观察者的感受和被观察者所表达的情绪等

在实践中，在对某一主题性活动区的场所进行描述时，可参考表6-1，灵活借鉴与调整其中的观察项目的种类与顺序（见表6-2）。

表6-2 阅读区中幼儿和材料互动的观察记录

观察项目	记录内容
时间	2012年3月30日
空间	阅读区

---

① 秦金亮，吕耀建，杨敏，编著. 幼儿教师学做研究——学前教育研究方法新视野[M]. 北京：新时代出版社，2008：91.
② 秦金亮，吕耀建，杨敏，编著. 幼儿教师学做研究——学前教育研究方法新视野[M]. 北京：新时代出版社，2008：91-92.

表 6-2 续

观察项目	记录内容
环境	活动内容:《我的烦恼》 提供自制白板绘本、记号笔、复读机
目标	活动目标:画一画自己的烦恼,并找到同伴让同伴说说解决的方法。
行动者	添瑜
观察者	SYY
事件与活动	阅读区的活动是"我的烦恼",添瑜在画完后决定"读一读"自己的书。她看到旁边有好多小朋友,于是摸了摸复读机等待了好一会,看到同伴跑到表演区了,才拿起自画书翻了起来。因为自画书没有几页,添瑜很快就"说"完,然后用耳机听了下自己讲的故事,好像还不错,就乐呵呵地跑开了。五分钟后,添瑜又跑到了阅读区,拿出笔画了一些,好像有新的灵感,然后重新用复读机录制下来了。此时的表情还是比较满意的。
感情	被观察者:添瑜在活动中一开始是比较犹豫的,看到有同伴在,有些害羞便选择了等待,之后等有独立空间了,才开始行动起来,之后的听自己的故事,让她有很大的成就感。所以,她又增加了故事的内容,再次录制,最后露出了满意的笑容。 观察者:幼儿能在绘制图画书后进行故事的讲述,并且通过复读机的录制,增强对材料的兴趣。从添瑜第二次修改自画本,第二次讲述故事就可以了解到幼儿是非常喜欢讲的过程。当然,复读机这一材料的使用大大激发幼儿的兴趣,作为观察者也感受到了幼儿的情绪变化。

2. 叙述体系

叙述体系不需要预先设置分类框架,而是事先抽取一个事件片段,在观察的同时对相关事件与行为做详细真实的文字记录,必要时可加入观察者的一些主观评价,主要包括田野笔记、日记描述、轶事记录和样本描述四种类型。其中,日记描述、轶事记录、样本描述在本质上都属于田野笔记。[①] 同样是对幼儿和主题性活动区材料互动的观察记录,但叙述体系就表现出了和描述体系比较明显的差异,尤其在呈现方式方面差异更为明显(见表 6-3)。采用叙述体系进行观察的

[①] 秦金亮,吕耀建,杨敏,编著. 幼儿教师学做研究——学前教育研究方法新视野. 北京:新时代出版社,2008:92-96.

过程中，教师应注意尽可能具体详尽，避免使用笼统、抽象或有偏见的描述；同时，要注意将客观描述与主观判断或解释分开。叙述体系观察过程对外界条件的要求较低，只需纸与笔，利于长期记录关于研究对象发展的连续而真实的"画面"，但受观察者的文字水平、理解能力等主观因素影响较大，具有较强的主观性。

叙述体系可以广泛适用于任一主题性活动区。比如，对美工区中幼儿设计作品《帽子》的活动的观察，教师可把观察到的幼儿设计内容和幼儿为何有这样的设计思路进行主观的分析判断；在科学区中，中班幼儿在了解物体转动的活动中，需要通过尝试将会转动的物品归为一类。当幼儿在长时间判断瓶子是否能转动时，教师就可以采用叙述体系观察记录幼儿的表情变化和结果，并对幼儿为何出现这样的结果判定做出主观解释。另外，教师可根据观察目的有选择地记录，一般可用于主题性活动区材料的适宜性观察、幼儿活动情况的观察以及体现幼儿心理变化的观察等。叙述体系突出了观察记录的"原生态性"、详尽性与现场性（见表6-3）。

表6-3 科学区中幼儿和材料互动的观察记录

时间：12月22日 10:00	地点：科学区	观察者：SYY
记录内容		分析
在主题活动"冬天"的科学区中，豆豆和淇淇在玩"温暖加工站"的活动，主要目的是学会选择合适的方法，让番薯过冬。教师提供的材料包括塑料瓶、塑料碗、绳子、塑料纸、树叶灰及其他工具等。淇淇观察了这个番薯，选择了一个塑料瓶为它保暖。淇淇说："番薯就像住进了阳光花房，就不怕冷啦。"于是，两个人找了一个瓶子把番薯放了进去。一会儿豆豆说："去参观大棚蔬菜时，有小门，我们的番薯房还没有盖子呢。"淇淇说："那我们用东西盖着不就好了吗？"说着拿来了一个蓝色塑料碗。豆豆说："真好看，就像一个蘑菇房。"淇淇说："可是这样我们就看不到番薯长上来的样子了，还是透明的好。" 淇淇和豆豆发生了分歧，一旁的教师成了裁判，为了让幼儿更好地表达自己的想法，教师选择了中立：塑料碗拿上拿下方便，但是这样光照就不太好了，这个怎么办好呢？		在提供的材料中，这个大的透明塑料瓶比较明显，而番薯的个头长长的，所以淇淇选择了这个材料。 淇淇对于蓝色塑料碗的外观美丽和看不到番薯长高而产生了矛盾，而一旁的豆豆则觉得蘑菇房样的暖房好看。 教师在这时成了两个孩子的引导者，在帮助孩子理清状况后，豆豆和淇淇自己选择了最后的方案。

表 6-3 续

时间：12 月 22 日 10:00	地点：科学区	观察者：SYY
记录内容		分析
问题抛给淇淇和豆豆后，两个人商量了好一会儿，最后决定学学农民伯伯，用透明塑料纸吧。于是，两个人开始找透明的材料，由于准备的材料多是彩色的亮光纸，两个人向老师要透明的塑料纸。选择好塑料纸后，淇淇和豆豆开始选择绑定的材料，考虑到要方便打开，两个人选择了绳子。豆豆和淇淇各自选择了一根绳子，在比较后，选择了玫红的绳子。看到淇淇一个人绑起来很困难，豆豆马上加入一起工作起来。最后，简易的保暖房制作好了。		在整个过程中，淇淇和豆豆学会了商量，不再一味地以自己的判断为标准，合作能力得到了锻炼与提高。

3. 图式记录

图示记录，是用位置图、环境图的形式直接呈现相关信息，是一种直观的观察记录方式，同时也是一种观察记录的辅助手段，可用于定性观察或定量观察。[①]

图示记录一般比较适合用于活动区空间布局的观察中。具体地说，在引入新的主题活动、需要更改活动区空间布局时，进行相关的观察，了解活动区划分的合理性与有效性。此外，对于各活动区中材料设置的空间布局的观察，包括活动区材料柜的摆放是否合理、空间是否有效利用、整体布局的空间层次性等也可采用图示记录的方式。比如在冬季来临时，教师将原本隔离开的科学区和自然角在空间打通让幼儿尝试帮助植物过冬的实验中，教师就可采用图示记录明确"融合的点"和"两区打通后的空间效果"。从记录效果看，图示记录更为直观与清晰（见图 6-1）。

时间：2012 年 4 月 2 日　**地点**：小（1）班

观察者：SYY

活动背景：春天不知不觉中来到了幼儿的身边，活动区里慢慢呈现出了春天的活动内容，再加上过几天就是清明节了，教师在活动区里又新设了艾青活动的

[①] 秦金亮，吕耀建，杨敏，编著. 幼儿教师学做研究——学前教育研究方法新视野 [M]. 北京：新时代出版社，2008：96.

点，幼儿对活动区中的一些游戏内容也非常喜欢。在一段时间的区域活动后，教师发现幼儿特别喜欢花店的游戏，到花店插花和买花的幼儿特别多。因此，在活动中，教师添加了流动花车，将户外游戏中的车放入游戏区中，提供给花店的服务员到各店去送花上门。

活动材料：活动材料充足，摆放整齐。

活动区的空间布局：

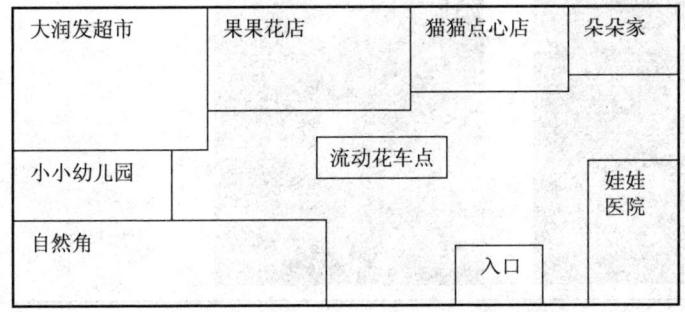

图 6-1　春季小班活动区的空间布局

4．仪器记录

仪器记录，是指运用摄像机、录音机、数码照相机、手机等仪器对事件和研究对象的行为进行记录的方法，是一种观察记录的辅助手段，在定性观察与定量观察中均可运用。[①]

仪器记录比较适宜于语言区、科学区、美工区、阅读区中，可用于观察幼儿活动、了解幼儿与材料的互动。当然，仪器记录经常被作为其他观察方法的辅助手段，如数码照相机可以用做对活动区材料、幼儿活动过程或幼儿活动效果的观察；复读机、录音机可以用做对语言区幼儿诵读类活动的观察记录；摄像机则可以辅助记录幼儿的整个活动过程以方便教师在活动后的观察整理。比如，在走廊的延伸区中，教师选择了数码照相机记录幼儿的活动过程。由于文字描述的时间问题及幼儿表现的瞬间性，教师采用了通过照相机拍照的方式记录，然后通过

[①] 秦金亮，吕耀建，杨敏，编著. 幼儿教师学做研究——学前教育研究方法新视野 [M]. 北京：新时代出版社，2008：98.

对整个活动的回忆，整理出幼儿的活动情况，最后成为一个图文并茂的观察记录（见表6-4）。

表6-4 走廊延伸区中幼儿实验活动的观察记录

时间：2012年3月20日　　　地点：走廊延伸区　　　观察者：SYY

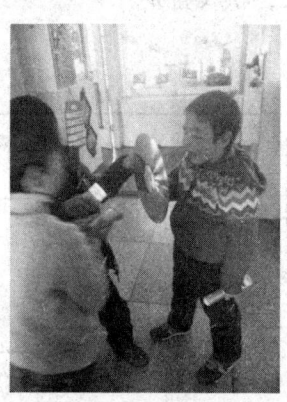

文字说明：在透光性实验中，奕帆组和成成组分别选择了纸和光碟进行尝试。纸的透光性好，光碟透明部分能透光。实验中，奕帆组找了绘画纸、卡纸、泡沫板等材料进行实验，成成组则找了碟片、小木板、铁皮饼干盒等材料进行实验，整个实验都是幼儿自主进行的。最后，大家又用记录纸记录了自己小组的实验结果。

（二）定量观察

定量观察记录方式主要包括时间取样记录、事件取样记录、项目清单和等级记录四种。在主题性区域活动观察实践中，教师可以灵活地综合运用这些方法。

1. 时间取样记录

时间取样记录，是指以一定的时间间隔为取样标准来观察记录预先确定的行为是否发生以及发生的次数的一种观察记录方式，适用于对外显的与经常发生的行为或事件进行观察。[1]

时间取样记录比较适合对活动区中幼儿的行为、表现的观察，但所选择的

---

[1] 秦金亮，吕耀建，杨敏，编著. 幼儿教师学做研究——学前教育研究方法新视野. 北京：新时代出版社，2008：99.

第六章 主题性区域活动的观察方法

内容必须是幼儿经常发生的、观察者方便观察到的现象，如小班幼儿在活动区中的礼仪行为、中班幼儿在活动区中的专注行为、大班幼儿在活动区中的合作行为等。有教师就尝试采用时间取样记录对主题性活动区中幼儿的捣乱行为进行了观察记录。

教师首先确定主题性活动区中幼儿捣乱行为的定义与类别（见表6-5），在此基础上，确定对每个对象的观察时间与时间间隔，进而制订时间取样观察记录表。具体地说，教师确定对每个对象观察10分钟，以10秒为一个时间间隔。在观察记录过程中，如幼儿在第一个时间间隔中出现了"制造噪声"这一捣乱行为，就在此时间间隔里写上"1"，接下来观察第二个10秒钟的时间间隔并填写相应捣乱行为类别的代码，依次类推，直到观察记录完10分钟为止。如果在特定的时间间隔中没有出现表6-5中所列的捣乱行为则填写"0"；如果出现了两个甚至两个以上的捣乱行为类别则相应填写所有捣乱行为类别的代码；如果同一时间间隔中出现同类别的捣乱行为两次或两次以上，观察者可以重复填写相应次数的捣乱行为代码或以画"正"字的方式记录次数。接下来，教师就可以使用设计好的记录表对幼儿在主题性活动区中的捣乱行为进行观察记录（见表6-6）。

表6-5　主题性活动区中幼儿捣乱行为的类别

序号	类别	具体表现
1	制造噪声	尖叫、咳嗽、敲击桌面
2	行为粗鲁	走动、跑动、蹦跳、摇动椅子
3	破坏材料	材料乱丢地上、破坏性使用材料、材料乱放在其他活动区
4	扰乱别人	抢同伴材料、破坏其作品
5	攻击别人	投掷、撞、推同伴

表 6-6 主题性区域活动中幼儿捣乱行为的观察记录表

观察对象：小华　　　　观察时间：2012 年 4 月 8 日上午 10:00—10:10　　　　观察者：SYY

	0—10	11—20	21—30	31—40	41—50	51—60
1	0	0	2	2	0	0
2	1	0	1	0	0	0
3	0	2	0	1	0	0
4	0	3	0	0	0	0
5	0	0	3	0	0	0
6	0	0	0	4	0	5
7	0	0	5	0	0	0
8	0	0	0	3	0	0
9	0	0	0	0	0	0
10	0	0	0	0	0	0

2．事件取样记录

事件取样记录，是指从被试多种多样的行为中选出一种有代表性的行为进行观察，在自然情景中，等待所要观察行为的出现，然后记录这一行为全貌的观察手段。所谓"全貌"，即要观察的行为如何发生、如何变化、如何终止以及结果如何，事件取样记录的测量单位是行为事件本身。[1]

事件取样记录同时间取样记录相似，是针对幼儿在活动区中的一些行为表现进行的观察，但在观察前教师就有一定的预设，在相同的活动背景下进行观察，其观察突出了自然性、完整性。在观察前，教师先根据活动区的特点预设幼儿可能出现的一些情况，并在自然状态下等待这些预设情况的出现，并通过不同层面的处理，了解整个活动的最后状况。事件取样记录中，教师首先要确定所要观察的行为事件的内涵，其次要设计事件取样观察记录表，如下面的幼儿告状行为的

---

[1] 秦金亮，吕耀建，杨敏，编著．幼儿教师学做研究——学前教育研究方法新视野．北京：新时代出版社，2008：102．

事件取样记录表（见表 6-7）所示。

表 6-7 幼儿告状行为的事件取样记录表

事件项目	性别	发生时间	事件背景	事件过程（说什么、做什么）	事件结果	事件性质	教师处理方式
1							
2							

有教师就尝试采用事件取样记录对大班美工区中幼儿包装盒子这一行为事件进行了观察记录（见表 6-8）。

表 6-8 大班美工区中幼儿包装盒子的事件取样记录

事件项目	性别	发生时间	事件背景	事件过程	事件结果	教师处理方式
1	男	12月27日 10:00—10:25	教师在美工区第一次投放了包装盒子的活动材料，阿仔想给妈妈包装一份礼盒。	阿仔在材料筐里选择了长方形的纸盒，一开始选择了粉红色的布进行包装，在固定过程中，布容易滑动。在教师引导后，阿仔选择了用纸包装，有了之前的经验，他先用双面胶固定住了纸的一面，就比较容易地把纸盒包装好了。	较成功	布难以固定时，引导幼儿用其他材料尝试。
2	男	12月27日 10:00—10:25	看见好朋友在美工区，辰辰也一同尝试了新活动。	辰辰看见阿仔选择了长方形的纸盒，就决定用正方形的盒子尝试包装。在仔细看了包装示意图后，辰辰成功地包装了纸盒的两边，由于选择的纸比较大，两边折起来显得太长了，辰辰就用丝带在两边绑成了糖果状。	成功	两边纸太长时，引导辰辰观察其他幼儿的作品，大胆创新包装。

表 6-8 续

事件项目	性别	发生时间	事件背景	事件过程	事件结果	教师处理方式
3	女	12月27日 10:10—10:30	希希平时喜欢装饰东西，看见新年礼盒，就乐滋滋地为好朋友包装起来。	美工区有好几个圆柱体的糖盒子，希希选择了其中一个，看到阿仔用纸包装的成功经验，希希也同样选择了纸作为包装主材料。因为圆柱体很难固定，希希用纸把纸盒完全包装后用简易铅丝固定起来，最后还贴了一张小卡片。	成功	希希有较丰富的装饰经验，多鼓励她创意尝试是指导重点。

从表 6-8 的事件取样记录中，我们可以明显看出幼儿选材、制作的全过程，从而比较完整地了解幼儿的操作情况、材料的适宜性以及教师的主要指导情况。

3．项目清单

项目清单，是指预先列出一些需要观察并且可能发生的行为或其他项目，观察者在每一种要观察的行为或相关项目发生时做记号，其作用在于核查所要观察的行为或项目有无发生。[①] 项目清单和时间取样记录的区别在于，项目清单只能提供所要观察的行为有无发生方面的信息，而时间取样记录除了能提供所要观察的行为有无发生之外，还可以提供发生的次数方面的信息。

项目清单可适用于任意一个主题性活动区的观察，主要是针对幼儿在某一时间段内相关行为是否发生的观察，如对小班幼儿在整个区域活动中是否有角色意识的观察、对中班幼儿在区域活动过程中是否出现了和同伴协商游戏的行为观察，对大班幼儿在区域活动中是否有创造力的表现的观察等。通过对一段时间内的幼儿行为的观察，教师可以了解幼儿的某一行为是否真正养成了。项目清单的操作方式比较简单，便于教师在实践中使用。有教师就尝试采用项目清单对大班

[①] 秦金亮，吕耀建，杨敏，编著．幼儿教师学做研究——学前教育研究方法新视野．北京：新时代出版社，2008：104.

科学区"动植物过冬盒"的操作情况进行了观察记录（见6-9）。

表6-9 大班科学区"动植物过冬盒"的操作情况观察记录

观察对象：	观察者：	时间段				
观察内容		1	2	3	4	5
1．能自主进行操作活动						
2．通过操作，知道动物过冬的几种方式						
3．通过操作，知道植物过冬的几种方式						
4．给所有动植物连线正确的过冬方式						
5．学会记录动植物过冬的方式						
注：时间段指每隔4分钟对幼儿的操作情况做记录，共5个时间段，20分钟。						

4．等级记录

等级记录，是指观察者带着某种目的对观察对象进行多次观察，然后用某种等级评定量表对所要研究的特性加以评定的观察记录手段。等级记录的观察者往往在事后凭借记忆对行为事件做出评定，是对行为事件做出评估，而非描述，主要包括数字评定量表、描述评定量表和累计评定量表三种。①

等级记录比较适合对活动区中幼儿的操作结果或是幼儿在操作过程中各行为、态度的评定。无论是数字评定量表、描述评定量表还是累计评定量表，使用时要注意不同观察者之间必须有相同的标准，避免不同观察者对评定标准理解不一。同时，这样的评定应多进行几次，使结果更为科学，提高观察的有效性。有教师设计了3点数字评定量表（见表6-10）对主题性活动区"美工区"中幼儿剪窗花的能力进行了观察记录。

---

① 秦金亮，吕耀建，杨敏，编著. 幼儿教师学做研究——学前教育研究方法新视野[M]. 北京：新时代出版社，2008：106-107.

表 6-10　美工区中幼儿剪窗花能力数字评定量表

观察对象：		观察者：
等级	具体标准	标记（在相应等级打"√"）
1	需要在教师指导下才能看懂剪雪花的图纸	
2	能看懂剪雪花的图纸，比较耐心细致地剪雪花	
3	能看图纸剪雪花，尝试自己设计花样剪雪花	
注：3个数字表示剪窗花能力从差到好，当然一般数字评定量表还有5点量表，根据观察者的需要设定。		

第七章 主题性区域活动的指导策略

主题性区域活动主张与鼓励幼儿自由选择活动区并在其中与同伴、材料积极互动进而获得个性化的学习与发展，除了具有自由性、指导的间接性、自主性和个性化等区域活动的一般特点[①]之外，还具有依存性与动态性等特点。这就对主题性区域活动中的教师指导提出了新的要求。本章将在分析主题性区域活动中教师指导的原则与方式基础上，揭示不同年龄层次主题性区域活动的指导要点。

第一节 指导的原则与方式

以生态学思想为指导的主题性区域活动中，教师的指导也具有了新的特点与要求。本节将分析主题性区域活动中教师指导的原则与方式。

一、指导原则

主题性区域活动的指导原则主要体现在指导取向与指导方式两个方面。

[①] 王春燕，主编．幼儿园课程概论[M]．北京：高等教育出版社，2007：185．

（一）指导取向：生态学

以生态学思想为基本指导思想的主题性区域活动，将幼儿园区域活动视为一个有机系统。这决定了其指导的生态学取向，从改善幼儿园区域活动系统，即主题性区域活动、非主题性区域活动、集体教学、家庭、社区等不同要素以及各要素之间关系的角度进行指导。这也是主题性区域活动在指导原则方面区别于传统区域活动的根本之处。

这种指导的生态学取向在主题活动"走进我们的'社区'"[①]的主题性区域活动指导中体现得较为明显。幼儿在教师的带领下参观了附近的社区并开展了"我家的社区"调查活动之后，决定在活动室开设医院、警察局、超市、公园和银行五个主题性活动区，之后开始为每个活动区设计、制作标牌。制作完标牌之后，幼儿在开展主题性区域活动过程中遇到了一系列难题："超市不但没有货架也没有货品"、"医院没有机器，医生与护士也没有分工"、"警察局的叔叔要做一些什么事情我们也不清楚"、"银行的工作人员除了数钱还要干什么"、"公园这个活动区的人员要准备哪些东西"……如何帮助幼儿克服与解决这些难题，是制约与影响主题性区域活动能否顺利有效开展的关键所在。为此，教师组织幼儿开展了一次集体讨论活动，大家提议："我们需要爸爸妈妈的帮助"、"我们需要再次参观社区"。教师经过分析后认为，应从主题性区域活动和社区的关系中寻找问题解决的途径与方法。结合幼儿提出的建议，教师最终决定让幼儿在家长的带领下开展社区调查，分组参观与收集材料。

[①] 在浙江师范大学杭州幼儿师范学院附属幼儿园金美丽老师提供的素材基础上整理而成，在此表示感谢。

> **请您帮助**
>
> 各位家长：
>
> 　　您好，最近班里正在进行"我们的社区"活动，我们要把自己的班级变成一个小社区。届时孩子要在自己的班里设立小银行、小医院、小超市、小警察局、小公园等。
>
> 　　您的孩子是××组的。请您双休日抽空带上您的孩子，去观察你们社区的××。请您指导孩子仔细观察你们社区里的××外观是怎么样的，包括名称、外部的广告、装饰等，以及内部的结构，包括摆设、员工等。
>
> 　　回家后能将观察到的东西进行记录、整理，如名称、标志等，并在自己家中找找能用于××制作的废旧物品，如小纸盒、化妆品瓶子、喝完的酸奶盒等，以及可以用于警察局、银行、医院、超市、公园的道具或玩具等。
>
> 　　谢谢您的帮助！
>
> 　　　　　　　　　　　　　　　　　　　　　　　　　　　　　　中（5）班

在家长的带领下，幼儿分别开展了针对性的调查活动。下面是安骐小朋友的调查报告：

超市见闻

今天我和爸爸去了华润超市，我和爸爸看见吃的食物是摆在架子上的，可是那边全是吃吃玩玩的东西，这些东西都是给小孩子的，但是水果的架子和它们的不一样，水果的架子是一个个小木头盒子，小朋友看见水果都想去买。我和爸爸走过去还看见一个阿姨在切馒头，阿姨准备来炸馒头。超市里的东西都一个一个摆放得很整齐，有人放错的话，阿姨就会把它放回正确的位置。在超市里的东西如果没付钱是不能吃的。

通过这次社区调查和材料收集活动，幼儿经验得到了丰富，并且主题性区域活动开展所需的材料也得到了极大丰富。社区的五个主题性区域活动就正式开展了起来。不过，活动过程中逐渐暴露出了一些问题：幼儿虽然对社区中五个主题性活动区中的硬件设施有了一定的了解，但对社区机构中工作人员的职责以及和顾客之间如何互动等方面缺乏了解。这使得社区的五个主题性区域活动内容单调。为此，教师又组织幼儿开展了一次针对性的社区调查活动，这次调查的重点就是社区机构中工作人员的职责及其和顾客之间的互动，包括言谈举止等。社区调查后，教师又及时开展了一次针对性的集体谈话活动。幼儿通过调查对社区机构工作人员有了更深刻的了解，有的小朋友说："打点滴的时候，护士要提醒小朋友不要乱动，老实点，不然针头出来又得打一针。"还有的小朋友说："如果去看病，医生会问小朋友你哪里不舒服，张开小嘴巴让医生瞧瞧喉咙红不红，学医生说'啊'。"最后，社区的五个主题性区域活动如火如荼地开展了起来。

在此过程中，当幼儿在社区的五个主题性区域活动过程中遇到难题时，教师从主题性区域活动和集体教学、社区、家庭之间关系的角度考虑与确定具体指导措施，最终使难题得到了较为圆满的解决。这体现出了明显的生态学取向。总之，在主题性区域活动指导过程中，反对教师"头痛医头，脚痛医脚"的做法，主张从改善幼儿园区域活动系统的角度进行指导。

（二）指导方式：间接指导为主，直接指导为辅

幼儿园区域活动的自由性、指导的间接性、自主性和个性化等基本特点，决定了主题性区域活动中教师的指导方式也必然是间接指导为主，直接指导为辅。一般情况下，在主题性区域活动指导过程中，教师主要采取材料投放和以游戏者角色介入等两种间接指导方式，只有在幼儿违反规则可能发生危险（如挥舞手中的剪刀等）或幼儿之间发生激烈冲突时才会采取直接的指导方式。

娃娃家游戏中，教师发现娃娃家中的"妈妈"一直抱着"娃娃"哄"娃娃"睡觉。虽然认为游戏情节过于单一，但教师并没有直接介入，而是以"邻居"的身份前去"串门"，发现"娃娃"一直在睡觉，就对"妈妈"说："娃娃是不是病了呀？"同时用手摸"娃娃"的额头，很着急地告诉"妈妈"："娃娃发烧了，赶快去看医生吧！""妈妈"听了很着急，急忙带"娃娃"到"医院"看病。看病的过程中，"妈妈"和"医生"有了互动。当"妈妈"在家照顾"娃娃"时，有不少"邻居"听说后前来探望。之后，教师又给娃娃家及时添置了锅碗瓢盆、灶具等厨房用品，由此又引发了娃娃家中做饭与喂饭等游戏情节。

上述案例中，教师通过"邻居"的游戏角色和"串门"的游戏行为，以及后

来的材料投放，在潜移默化中实现了对娃娃家中幼儿活动的间接指导。

二、指导方式

实践中，教师主要借助于材料和自身两种媒介实现对主题性区域活动的指导。其中，以材料投放对主题性区域活动进行指导，在本书第四章中有详细阐述，此处不再赘言。本节将重点阐述以教师自身为媒介对主题性区域活动的三种指导方式，即平行式干预、交叉式干预和垂直式干预。[1]

（一）平行式干预

平行式干预，是指教师在与幼儿空间距离接近的地方，与幼儿使用相同的材料从事相同的活动，旨在引导幼儿模仿。在此过程中，教师起着暗示指导的作用。主题性区域活动中，当发现有的幼儿对活动区的材料性能不了解或缺乏正确的操作方法与技能时，教师就可以在幼儿附近用同样的材料进行活动，但并不与幼儿发生直接的言行互动（偶尔可以自言自语或发表一些评价，但并无特指对象），也不直接介入幼儿的活动之中，而是利用自身的行为进行榜样示范，对幼儿的活动进行暗示引导。比如，当发现建构区中的幼儿在无序与杂乱地摆弄积木而不知搭建什么时，教师就可以坐在幼儿旁边，用同样的积木搭建一座大桥或房子。这不仅能吸引幼儿的注意力，更可以促使幼儿模仿如何正确地使用材料以达到自己建构的目的。

此外，教师还可通过角色扮演的方式对幼儿进行平行式干预。当发现幼儿对主题性区域活动中某一角色缺乏相应经验而犹豫不决或无法顺利参与时，教师便可以通过扮演该角色的方式，向幼儿展现该角色的一些言谈举止，便于幼儿模仿，进而鼓励和引导幼儿顺利地参与主题性区域活动。比如，在主题性活动区"休闲吧"中，教师发现几名"顾客"手里拿着"钱"傻傻地站在门口却不敢说话，也不知如何进入"休闲吧"消费，而服务员也没有主动向这几名"顾客"打招呼。

---

[1] 王春燕. 生态式幼儿园区域活动中教师的指导策略 [J]. 学前教育：幼教版，2006（5）：13-14.

于是，教师就以"顾客"的身份来到了休闲吧，通过主动和"服务员"进行一系列对话，自然地向其他几名"顾客"示范了如何跟"服务员"打招呼，以及如何进入"休闲吧"消费的整个过程。在此过程中，教师在没有影响幼儿自主活动的情况下，在潜移默化中实现了对幼儿的指导。

平行式干预的最大特点和优点在于，教师可以在潜移默化中实现对幼儿主题性区域活动的指导，能在很大程度上避免对幼儿活动可能带来的干扰，进而最大程度地突显与强化幼儿在主题性区域活动中的自主性、自由性和个性化。

（二）交叉式干预

交叉式干预，是指当发现幼儿的活动需要教师指导时，教师以活动合作者的身份或被幼儿邀请，或自主扮演角色进入活动情境，通过与幼儿的互动起到指导幼儿的目的。在此过程中，仍然由幼儿自主掌握活动进程，教师只是扮演其中的一个角色，根据主题性区域活动的需要对幼儿的行为做出语言或动作方面的反馈。需要注意的是，这里的角色扮演不同于平行式干预中的角色扮演。在平行式干预中，教师扮演的角色只是独自展现或示范角色的言谈举止以达到榜样示范与引导幼儿的目的，在此过程中，教师扮演的角色和幼儿扮演的角色之间始终不发生互动；而在交叉式干预中，教师通过扮演的角色和其他幼儿扮演的角色之间的互动而实现对幼儿的指导。

这种交叉式干预不仅可以实现对某一主题性活动区中幼儿活动的指导，更可以实现对不同主题性活动区中幼儿活动的指导，以促进与丰富不同主题性区域活动之间的互动。这可以从"外卖生意"案例[①]中窥见一斑：

今天，冰冰和阳阳分别当上了"竹乡小吃店"的经理和服务员，开心地在餐厅里有模有样地忙开了：打扫地面、整理桌椅和餐具、吆喝生意……可十分钟过去了，小吃店一个顾客也没有来。"今天生意真不好，一个顾客也没来，真没劲！"他俩开始着急了。"到底是为什么呢？竹乡旅游团的人也没来。"冰冰是个

[①] 此案例由浙江省湖州市安吉县实验幼儿园的窦旭梅老师提供，在此表示感谢。

爱琢磨问题的孩子。听他这么一说，阳阳跑出店外张望了一下："你快来看，竹乡旅游团的导游带他们去喝饮料了。"冰冰也跑出去张望："我们的竹筒饭太贵了，要5元钱，他们的饮料很便宜的"……

看到这，教师便以顾客的身份来到了"竹乡小吃店"："你们好，我是表演队的经理，我要外卖。"一听到"外卖"，他们来劲了："对了，我们可以送外卖的，请问你们要什么点心？"教师故意说了一个菜单上没有的点心："我们要吃小兔馒头，你们这儿有吗？""没有。"冰冰和阳阳有点泄气。"没关系，我们等会儿才要，能为我们定做十只小兔馒头吗？""好的，好的！"冰冰和阳阳异口同声地回答。接着，他俩跑进点心制作间，向点心师傅们宣布："不要做竹筒饭了，也不要做青团子了，赶紧做小兔馒头，是外卖。"听到"外卖"这个词，点心师傅们也都有了兴趣："做怎样的小兔馒头呢？"冰冰俨然是个大经理："你们是点心师傅，自己动脑筋做漂亮一点，还要快点做好，我们要送外卖的。"点心师傅们忙开了，一边做一边比比谁做的小兔馒头最漂亮，而冰冰和阳阳也受到了启发，开始跑到"竹子服装加工厂"和"模特表演队"去找生意去了："你们很忙吧，要不要外卖？我们把点心送给你们！"……一会儿，他们兴冲冲地回来了，开始忙活起来：装点心、在菜单上画圈记上点心数量、计算总共要多少钱。阳阳说："我是服务员，我应该去送外卖。"冰冰虽然也想去，但想了想还是同意了："你要收钱的，我在店里等你。"

上述案例中，教师通过扮演的"顾客"主动和"竹乡小吃店"中的经理、服务员互动，将"外卖"自然地抛给幼儿，为这个"竹乡小吃店"注入了新的活力，更是启发他们主动到其他主题性活动区中寻求外卖的"订单"。这样，不同主题性区域活动之间就自然而然产生了积极的互动，进而不断丰富与深化了区域活动的内容。

交叉式干预中，教师并非直接向主题性活动区中的幼儿传授活动的知识与方法，而是以角色的身份进入主题性区域活动中，就活动情节的发展提出相关问题，促使幼儿思考，最终实现对幼儿主题性区域活动的指导。交叉式干预同样避免了教师直截了当发号施令左右幼儿主题性区域活动的情况，教师更多的是以活动中角色之间的关系隐蔽而又自然地导引活动的开展。

（三）垂直式干预

垂直式干预，是指当发现幼儿在主题性区域活动中出现严重的违反规则，或激烈争执甚至攻击性行为时，教师直接对幼儿的行为进行干预与引导。比如，当发现益智区中的两名幼儿就飞行棋的行走方法而争论不休并且有可能演变为攻击性行为时，教师就直接介入幼儿的活动，用行动与语言进行讲解与示范，一起和幼儿讨论正确的下棋方法，直到幼儿最终掌握为止。

垂直式干预不同于平行式干预、交叉式干预之处在于，教师不再是以游戏者的角色介入，而是直接以教师的身份介入，处于领导与控制的地位。垂直式干预要求教师有效把握干预的时机，不要因自己的干预而破坏或干扰了幼儿活动的进程或兴致。比如，教师发现一名幼儿在区域活动时间躺在地上、双手在空中比划着什么时，就采用垂直式干预走上前去直接制止了这一幼儿的行为，但事后经过询问才知道，这名幼儿并非在捣乱，而是在"修汽车"，因其之前看到过修车工人躺在地上用双手修理吊起的汽车的情景。这里，教师的垂直式干预就破坏与阻止了幼儿的活动，是不恰当的。因此，垂直式干预不宜多用，且长期使用容易养成幼儿对教师过分依赖的习惯，不利于幼儿主动解决问题能力的提高。

平行式干预、交叉式干预和垂直式干预三种指导方式中，前两种属于间接指导方式，能在尽量少影响甚至不影响幼儿活动进程的前提下，保证活动的深入开展；而第三种则属于直接指导方式，更多运用的是教师的讲解与示范，以保证活动的顺利进行。实践中，教师应根据具体情况，灵活选择与合理运用这些指导方式。这在"冰不见了"（见附录7-1）中得到了较好的体现：教师先后依次采用了平行式干预、交叉式干预和垂直式干预这三种指导方式。

当发现幼儿只将注意力放在冰块上而没有发现操作台上的其他材料时，教师采取了平行式干预，即在空间距离接近幼儿的地方，用操作台上的吸管向冰块吹气，在教师的带动下，幼儿也纷纷模仿起来，并且更为重要的是，幼儿除了使用吸管之外,还开始主动使用其他材料玩冰。就这样,幼儿在潜移默化中接受了教师的指导,尝试了用吸管玩冰块的正确方法,知道了这个科学小实验中冰块和吸管之间的关系,并能尝试其他材料。

接下来的活动中,教师发现幼儿无序地摆弄操作材料而没有明确的活动目标时,便通过简洁的提问对幼儿进行了交叉式干预,即教师以合作者的身份进入实验活动,通过与幼儿之间平等的交流、互动,帮助幼儿明确实验的目的,提出适当的挑战,寻找使冰加速融化的方法。需要特别指出的是,教师并没有对每种材料一一进行榜样示范,而只是扮演了一个共同实验的角色,根据活动目标的需要对幼儿的行为做出了语言和行为上的反馈,仍然遵循了由幼儿自主探索、主动掌握实验进程的原则,从而促使幼儿主动思考,进一步推动实验的生成与发展。

最后,当教师发现幼儿的兴趣点开始转移,即两名幼儿互相朝对方的小碗里用杯子浇水,干扰了实验活动时,便采取了垂直式干预,即以教师的身份果断制止了这种玩闹行为。

总之,在"冰不见了"案例中,教师通过灵活选择与合理运用平行式干预、交叉式干预和垂直式干预三种指导方式,实现了对幼儿"玩冰"活动的有效指导。需要说明的是,实践中并非一定要全部用到这三种指导方式,而是需要根据具体的情况,灵活选择与合理运用。

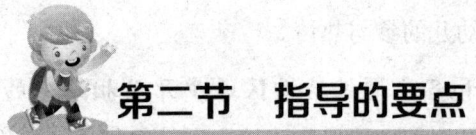

第二节 指导的要点

实践中,教师在遵循主题性区域活动指导原则的基础上,应根据主题性区域活动不同环节的特点以及小、中、大班幼儿参与主题性区域活动的特点,确定指导要点,进而合理选择与运用不同的指导方式。

一、主题性区域活动各环节的指导要点

实践中，主题性区域活动一般包括导入、展开与交流三个环节。教师在这三个环节中的指导要点存在一定差异。

（一）导入环节

在主题性区域活动的导入环节中，教师的指导要点主要包括以下三个方面的内容。

1. 氛围创设的策略

在主题性区域活动开展的导入环节中，教师主要是环境设计的引导者和预备者。在主题性活动区氛围的创设方面要能体现主题活动的信息，激发幼儿参与主题性区域活动的兴趣和愿望。比如在中班主题活动"过新年"中，教师引导"娃娃家"的"爸爸"在大门上张贴过新年的对联，引导"超市"的"服务员"设计制作各种新年优惠活动的宣传画并进行悬挂，引导"点心店"的"师傅"推出新年优惠套餐……这样一来，主题性活动区就营造与呈现出一种热闹和喜庆的氛围，为幼儿开展有关"过新年"的主题性区域活动营造了浓厚的节日氛围。又如在中班主题活动"春天里"开展前，师幼共同营造了主题氛围：在美工区的矮柜上立起网架，请幼儿在网架上挂绿色的布条做柳条；在语言区的木架上悬挂小雨滴装饰；在主题墙面上张贴幼儿在公园、广场春游时的照片。这样一来，"春天"的主题性区域活动氛围就非常浓厚。在氛围创设的过程中，教师要引导幼儿共同参与，这更容易激发幼儿的参与热情。

2. 新材料投放和各主题性活动区逐步开放相结合的策略

在新的主题活动开展前，可以先将该主题的一种新材料投放在某一主题性活动区中，引导幼儿的兴趣点逐渐进行转移。比如在中班主题活动"勤劳的人们"即将开始之前，教师先在科学区投放了一字型、十字型的螺丝和螺丝刀，引导幼儿探索如何用螺丝将两块塑料板连接起来；在小班主题活动"春天里"开始前，教师以娃娃家"妈妈"的身份，带领着"家人"一起将娃娃冬天穿的衣服进行整

理和晾晒，引导幼儿感受春天的来临。随着主题活动的不断深入和开展，再将其他主题性活动区的材料逐一介绍给幼儿，进而推动主题性活动区的种类及相应的主题性区域活动的内容不断丰富。在此过程中，教师要根据幼儿在区域活动中的表现确定在哪一个主题性活动区中率先投放下一个主题的相关材料。

3．问题呈现的策略

在主题活动开展过程中，教师通过向幼儿抛问题的方式自然而然地引出相关的主题性区域活动，比如小班科学活动"尖尖的春笋"结束时，教师提出问题："这么多的春笋怎么办呢？"根据幼儿的意愿，教师将春笋投放到超市，延伸出了一系列主题性区域活动，包括超市卖春笋、娃娃家春游、点心店春笋品茶会……又如大班幼儿即将上小学了，小朋友分离之后如何再联系？面对这些问题，教师可以引导幼儿开展一系列有关"我要上小学了"的主题性区域活动。这种以问题呈现为导入方式的策略，使幼儿在主题性区域活动中更加积极主动，而且容易获得成就感。

（二）展开环节

主题性区域活动的展开环节是幼儿操作各种材料以达成活动目标的阶段，教师要根据主题性区域活动开展的实际情况和幼儿的需要，采取相应的指导策略。展开环节中，教师的指导要点主要包括以下四方面内容。

1．观察策略

主题性区域活动中，教师在观察幼儿活动时，要会及时判断、捕捉幼儿的所需，并提供积极的支持，促使主题性区域活动开展得更加深入。比如在主题活动"我们的祖国叫中国"中，教师观察到美工区的幼儿对用扭扭棒做盘扣非常感兴趣，于是通过展示各种不同的盘扣实物和图片，给幼儿提供了发展的空间。在此引导下，幼儿制作出来的唐装盘扣各式各样。

2．询问策略

当幼儿的活动停滞不前时，教师启发性地询问能促进主题性区域活动在空间、内容等方面有新的拓展。比如在主题活动"过新年"中，美工区的幼儿包装了许多漂亮的礼物,随着礼物盒的增多,美工区展示的空间越来越拥挤。于是,教师以客人的身份介入游戏,询问"工人":"这么多的礼物盒,你们准备送往哪里啊?""客人"的这一询问,激发了幼儿新的灵感:"我们要送到超市去。""还有花店,他们也需要礼物。"于是,通过询问就生成了包礼物、送礼物等多个游戏情节。

3. 回应策略

当幼儿在主题性区域活动过程中有新的玩法时,教师的回应会给予幼儿最大的鼓励。比如在主题活动"我们的祖国叫中国"中,科学区中的幼儿玩的是"月亮船"。当他们了解了大小、轻重不同的月亮船转动的速度之后,有名幼儿在泥工板上画线条作轨迹转动月亮船。当教师走过他身边时,他用期盼的眼神看着老师,教师及时地给予了肯定,并表扬他会动脑筋。之后,他还探索出了更多的月亮船运行方式。可见教师的适时及正面回应能促进幼儿在主题性区域活动中的探索能力发展。

4. 分层策略

班级中幼儿的发展水平不同,因此教师在设计、投放材料时要考虑材料的层次性。比如在主题活动"我的家"中,教师在计算区投放了按点子、按数字、按合成式、按加减算式题等多种方式的电话号码记录方法,满足了不同发展水平幼儿的需要。通过材料分层策略,幼儿不仅记住了自己家的电话号码,而且还主动去记住好朋友家的电话号码,加深了与其他幼儿之间的友情,进一步提升了主题性区域活动的目标。

(三)交流环节

交流环节中,教师的指导要点主要包括以下三方面内容。

1. 集体交流策略

在主题性区域活动中,幼儿在原有内容的基础上有新的发现或拓展时,教师要及时组织幼儿进行集体交流,促使新的内容得到共享。比如在主题活动"过新年"中,当美工区中幼儿包装的礼物有新的去向时,教师组织幼儿说说自己是怎样送礼物的以及送礼物时有什么样的感受。通过集体交流,使幼儿体验到不同主题性活动区之间幼儿交往的乐趣,并丰富了过新年的经验。此外,当幼儿在主题性区域活动中对原有的材料有新的玩法时,也要及时进行集体交流,比如在主题活动"我们的祖国叫中国"中,科学区中玩"月亮船"的幼儿探索出按轨迹转动"月亮船"时,教师就应及时请这名幼儿在集体面前介绍自己的玩法,而且还要组织幼儿讨论不同轨迹与"月亮船"运行速度之间的关系,提升幼儿的相关经验与探索能力。

2. 成果激励策略

幼儿在主题性区域活动中制作完成各种作品时,教师要搭建展示的平台,使幼儿产生强烈的成功感。比如主题活动"我们的祖国叫中国"中,美工区幼儿裁剪、装饰出了许多漂亮的唐装和色彩斑斓的京剧脸谱,为此教师在美工区的上方拉线将脸谱悬挂起来布置环境,在服装店开辟了"唐装专卖店",使幼儿的劳动成果得到了充分展示。另外,当主题性区域活动中有些成果不能像作品那样展示出来时,教师要搭建出与之相匹配的展示舞台,比如主题活动"春天里"的主题性区域活动"春雨表演",当幼儿的角色表演非常出色时,教师要组织其他幼儿一起做观众,欣赏同伴的表演,那是对表演的幼儿最大的鼓励,也能进一步激发其他幼儿参与主题性区域活动的兴趣。

3. 指导自评策略

在主题性区域活动开展的过程中,教师可以设计记录表,引导幼儿活动结束时记录自己在活动中的情况,如"我会玩吗"、"我高兴吗"、"我整理好了吗"等。教师可以通过幼儿的记录了解幼儿在主题性区域活动中的活动情况,并适时地和幼儿交流沟通,也可以根据幼儿的记录了解主题性区域活动中的哪种材料幼儿最喜欢玩。比如主题活动"我们的祖国叫中国"中,幼儿每一次玩投掷游戏"我们玩过的地方"时,都会在记录表上画上自己的笑脸,表示自己非常喜欢玩而且玩得很快乐;而有大部分幼儿在玩过录音故事"月亮船"之后,记录时都是不高兴的表情。教师由此可以判断出前一份材料比较受幼儿欢迎,而后一份材料教师要引起重视,是操作较难还是内容枯燥,教师要适时做出调整,从而使主题性区域活动能进一步发展。

二、各年龄段幼儿主题性区域活动的指导要点

小、中、大班幼儿在身心发展水平、知识经验基础、兴趣爱好等方面均存在程度不同的差异,这决定了教师对不同年龄段幼儿的主题性区域活动的指导要点也必然存在一定差异。

(一) 小班主题性区域活动的指导要点

小班幼儿主题性区域活动中,教师的指导要点主要包括以下三方面。

1. 通过创设氛围,提供充足、丰富的活动材料,孕育新的主题性区域活动

小班幼儿的活动区意识不强,在选择活动区时往往是对其中的某一玩具感兴趣。因此,教师在主题性区域活动孕育阶段要创设浓厚氛围,提供符合小班幼儿年龄特点、色彩鲜艳、易于操作的材料,激发幼儿对主题性区域活动的兴趣。如小班主题活动"过新年"中,教师创设了浓厚的节日氛围之后,在"点心店"投放了新年包春卷材料,包括用各种颜色的长方形布块作为包春卷的皮子,用绿色的泡沫垫板剪成细条状作为春卷的馅;在"超市"里摆放了由中班哥哥姐姐送来的漂亮礼物盒;在美工区投放了红色小正方形纸供小工人们制作鞭炮……浓厚的节日氛围,充足、丰富的活动材料,激发了幼儿对主题性区域活动的兴趣,从而逐步拉开了有关"过新年"的一系列主题性区域活动的帷幕。

需注意的是,小班幼儿常常以自我为中心,喜欢独自操作,因此教师提供材料时在数量上应该保证充足,避免幼儿因材料数量不足引发矛盾,进而影响主题性区域活动的开展。此外,小班幼儿的个体差异已较为明显,因此保证材料数量充足的同时,还要注意材料的层次性。如上述小班主题活动"过新年"案例中,教师在"点心店"提供的包春卷用的"皮子"和"馅",除了提供数量较多的裁剪好的小块布料之外,教师还提供了大块的、画好裁剪线条的布料,存放在材料筐中,满足发展能力不同幼儿的需要,体现了材料提供的层次性,使主题性区域活动开展得更加深入。

2. 通过以交叉式干预为主的方式推动主题性区域活动的深入开展

小班幼儿注意力集中的时间较短、注意的对象也较少,因此在主题性区域活动开展过程中容易受一些无关因素的影响而转移注意力,中断活动的开展。如在上述"过新年"案例中,当娃娃家的"妈妈"从点心店买好春卷回到家,看到"爸爸"正在给"宝宝"喂奶粉,"妈妈"放下篮子走到"爸爸"身边,要求自己抱"宝宝"、喂奶粉,把"买春卷过新年"这件事情早就忘记了。教师观察与分析后认为,如果此时不进行干预,那么主题性区域活动的开展就无法深入和拓展。于是,教师采用交叉式干预的方式,通过扮演客人给娃娃家送新年礼物,暗示幼儿要过新年了。然后,再询问"爸爸""妈妈":"要过新年了,我可以给你们帮什么忙吗?"积极调动幼儿对过新年的一些生活经验,如打扮娃娃家、蒸春卷、吃年夜饭、买鞭炮、送礼物……教师在交叉式干预的过程中,只是扮演了其中的一个角色,整个活动的进程还是由幼儿自主掌握,不仅丰富了主题性区域活动的游戏情节,还推动了主题的深入发展。

3. 通过材料的添加使主题性区域活动得以延伸和扩展

小班幼儿对同一游戏的坚持性一般都较短,当游戏玩过一两次之后,就开始生厌,从而难以使主题性区域活动得以延伸和扩展。此时,教师应通过材料的变化来吸引幼儿的兴趣。比如小班主题活动"春天里"中,随着游戏的多次开展,幼儿对"花店"内的买卖活动逐渐失去热情,于是教师在"花店"内增添了造型不同、高低不同、图案各异的花瓶,给予了"花店"服务员新的刺激,使幼儿在经营"花店"的同时还逐渐对插花艺术产生了浓厚的兴趣。在主题性区域活动开展过程中,教师要做一个有心人,观察幼儿在活动中的表现情况,并根据实际情况进行分析和思考,找出问题的症结所在并对症下药。上述"春天里"的案例中,教师正是借助敏锐的观察力,及时地调整主题性活动区的材料,使幼儿对同一个活动内容产生了继续游戏的兴趣,不仅培养了幼儿在主题性区域活动中的坚持性,而且使主题性区域活动的内容得到了延伸和扩展。

(二)中班主题性区域活动的指导要点

针对中班幼儿的主题性区域活动,教师的指导要点主要包括以下三方面内容。

1. 通过提供有趣、可变性强的新材料,激发幼儿参与主题性区域活动的积极性

随着身心的发展,中班幼儿对周围环境更加熟悉,对区域活动更加喜欢。他们活泼好动,对活动区内有趣、可变性的材料充满了好奇,会积极地运用自己的不同感官进行探索。因此,教师可通过在某一活动区中提供有趣的、可变性强的新材料来激发和引导幼儿对新主题的参与和探索。比如主题活动"春天里",教师在科学区投放了又湿又黏的泥土,组织幼儿一起玩春泥,探索春泥的特性。春泥这一特殊的活动材料深受幼儿喜爱。由"春泥"展开的关于春天的主题性区域活动,激发了幼儿热爱春天大自然的情感,大家纷纷走出活动室,去幼儿园、公园、小区内寻找春天的气息,并把春天带进了区域活动。如美工区中幼儿用绿色布条打成结绑在树枝上变成随风飘扬的柳条、用彩色纸进行拓印小花等等,使活动室俨然变成了春天的花园。教师首先在一个主题性活动区中投放幼儿感兴趣的新材料,激发幼儿对新主题的兴趣,然后逐步在其他活动区中展开,使主题性区域活动的开展循序渐进、层层深入。

2. 通过以平行式干预为主的方式推动主题性区域活动的深入开展

中班幼儿具有丰富、生动的想象力,虽然手指动作逐渐灵活,可以尝试着完成一些精细的动作,对操作性强的材料也非常感兴趣,但由于在动手能力方面还有一定欠缺,经常容易使幼儿因在玩的过程中尝试不到成功感而放弃操作,这也是制约甚至阻碍主题性区域活动顺利开展的一个重要因素。比如在上述"春天里"案例中教师的表现:

在玩春泥的过程中,幼儿不再满足于捣春泥,而是想给捣好的春泥做造型。比如,乐乐想用春泥做一朵小花,他先用一小团春泥团成一个球体,压平做花心,再取一些泥一段段分开放在花心的周围做成花瓣。当他完成时,旁边的甜甜说:"你的花瓣一点也不漂亮,花瓣应该是椭圆形的。"甜甜的一句话使乐乐原本灿烂的笑容一下子僵硬了,看着自己的花不知所措。教师观察到这种现象时,没有急于走到乐乐身边给予乐乐直接帮助,而是选择平行式干预的方式,坐在乐乐身边也开始用春泥制作起小花,用和乐乐同样的方法制作花心,然后故意夸大搓条的动作搓春泥,绕成半圆形的花瓣。乐乐在教师的影响下,也尝试着用搓条的方式制作花瓣,结果非常成功。

案例中,幼儿在无意识中接受了教师的指导,学会了用搓条的方式绕花瓣,使自己搓的技能、绕花瓣的技能在教师潜移默化的影响下迅速提高,体验到了成功的乐趣,促进了主题性区域活动的顺利开展。

3.通过有效调整材料,拓展主题性区域活动的内容

中班幼儿对事物的理解能力逐渐增强,能独立表述生活中的各种事物及现象,因此在主题性区域活动开展的后期,教师可以通过添加、删减、回归等多种材料调整策略,拓展主题性区域活动的内容。比如主题活动"春天里",科学区中的幼儿开展了一系列测量小路的活动:第一阶段用一种材料进行测量,感知不同形状的小路所用材料数量的不同;第二阶段用多种材料进行测量,感知与比较同一条小路用大小不同材料进行测量时所用材料数量的不同。通过材料的添加不仅丰富了幼儿的活动内容,还发展了幼儿的比较、统计等多种能力。又如在主题活动"勤劳的人们"中,教师在语言区提供了复读机,引导幼儿听录音故事《螃蟹小裁缝》摆放故事图片。随着活动的不断深入,教师将复读机中的录音故事删除,回归复读机的录音功能,激发幼儿进行复述和创编,在提高幼儿语言组织能力和表达能力的同时,也促进了幼儿想象力的发展。总之,教师通过有效地调整材料,使主题性区域活动的内容更加丰富、生动,进一步激发了幼儿进行操作探索的欲望,使主题性区域活动开展得更加丰富与深入。

(三)大班主题性区域活动的指导要点

在大班幼儿的主题性区域活动中,教师的指导要点主要包括以下三个方面的

内容：

1. 通过问题呈现的方式孕育新的活动主题及相应的主题性区域活动

大班幼儿爱学、好问，有强烈的好奇心与求知欲。与中、小班幼儿相比，他们更乐于通过亲自试一试来获得更多经验与解决问题的方法，已经不满足于教师给予的"是什么"，而更热衷于"为什么"的探究。我们时常能看到幼儿变着花样投入地操作、摆弄材料，乐此不疲。如冬天到来之际，根据幼儿的问题呈现："动物过冬有自己的方法，那么植物是怎么过冬的呀？"于是大家一起收集植物过冬的图片张贴在科学区，在自然角用筷子、塑料袋帮植物过冬，在美工区用布条、麻绳搓成长条去帮助树干过冬。由此孕育、引发了"寒冷的冬天"这一活动主题，进而生成了一系列主题性区域活动。又如国庆节前期，幼儿对中国之最产生了浓厚的兴趣："你们知道世界上最长的城墙在哪里吗？""我们中国的国粹是什么吗？"……言语之间透露出了他们为自己是一名中国人而感到自豪。于是，教师和孩子一起动手创设氛围、收集材料，搭建天安门广场、万里长城，制作唐装、绘制脸谱。由此孕育、引发了"我们的祖国叫中国"这一活动主题，进而又生成了一系列主题性区域活动。

2. 通过提供多层次、探索性较强的材料引发幼儿积极、深入地开展主题性区域活动

大班幼儿的动作灵活性、控制能力明显增强，创造欲望比较强烈，喜欢进行探索性强、具有挑战性的区域活动内容。因此，在主题性区域活动开展过程中，教师要根据幼儿对主题活动的需要提供多层次、探索性强的活动材料，使主题性区域活动开展更加深入有效。如上述"寒冷的冬天"案例中教师的表现：

幼儿在冬天想给植物过冬，于是教师引导幼儿共同讨论搭建暖棚需要的材料，并一起进行了收集：筷子、皮筋、废旧塑料袋、用来压塑料袋边缘的小鹅卵石等。做完这些工作之后，幼儿积极地投入到了操作活动之中：用三根筷子搭出一个三角架，用皮筋做好支架的固定，再用塑料袋帮支架穿好外衣，一个简易的暖棚搭建成功啦！

不过，在搭建的过程中，川川发现用筷子搭建三角架，虽然方便，但绕皮筋

的过程有一定难度，于是，大家又商量可以用电线来代替做支架……在绕皮筋的操作实践中，能力强的幼儿能左手拿着支架，右手绕皮筋，而能力弱的幼儿则需要同伴的帮助，甚至有的幼儿还完不成"绕"的任务。于是，教师再次根据幼儿的实际情况，投放了细电线，不仅丰富了操作材料，而且还体现了活动材料的层次性和可操作性。

在大班主题性区域活动过程中，教师可通过集体讨论，引导幼儿、甚至发动家长一起收集所需的操作材料。

3. 将主题性活动区的空间由封闭走向开放，实现主题性区域活动之间的互动

大班幼儿在相互交往过程中开始有了合作意识，并体现出一定的合作水平。特别是在主题性区域活动开展过程中，幼儿不再局限于在某一活动区中活动，而是随着活动的发展逐渐与其他活动区发生联系。主题性活动区的空间调整，尤其是从封闭走向开放的空间，有助于引发与促进不同主题性区域活动之间的互动。比如，在主题活动"寒冷的冬天"中，由于幼儿在科学区的操作需要到自然角中进行呈现，因此教师将科学区和自然角打通，从中间开出一条小道，让幼儿在科学区操作后能直接走入自然角，不仅扩大了幼儿的活动范围，同时通过这两个主题性活动区的互通学习，更方便幼儿建构相关的科学知识及能力。

附录7-1 冰不见了[1]

案例描述

在"冬天里"主题活动中,教师在主题性活动区"科学区"中投放了冰块若干、小碗、热水、冷水、吸管、棉手套、取暖器、吹风机等材料,引导幼儿开展"冰不见了"的探索活动。

活动开始,教师将各种材料摆放在操作台上,活动区内的幼儿每人都分到了一碗冰块。个别幼儿兴奋地大喊:"冰,是冰!"然后用手指摸摸碗的外壁,又摸摸冰块的表面,但是没有一个幼儿去拿其他的操作材料。过了一会儿,冰块的表面慢慢渗出一些水来,一名幼儿发现了这一现象,他小心地用食指在冰块表面画圈,结果盘子里的冰块旋转起来,他旁边的幼儿也都开始模仿这个动作,并且比赛看谁转得快。这时,教师观察到了幼儿的自发活动,于是拿起桌子上的吸管,先吹了一下,然后朝着碗里的冰块开始吹气。幼儿照着老师的样子也朝冰块吹气。这时,个别幼儿开始发现,原来桌子上的材料是用来玩冰块的,但是教师又发现幼儿不知道每种材料该怎么玩,如一名幼儿戴上棉手套又马上脱了下来,因为他发现无法触摸到冰块了,一点都不好玩。

于是,教师问幼儿:"真好玩啊,你们发现冰块有什么不一样吗?"

"有些变成了水。"幼儿回答。

"我们一起试一试用桌上的这些东西来帮助冰块变成水,好吗?"接着,教师又进行了追问:"这么多的东西,我们来玩一玩,看谁有办法可以使冰块融化得最快?"

幼儿开始了积极探索:通过吸管用力地朝冰块吹气;把冰块放在取暖器下面,发现距离不够近,又用手捧着小碗靠近取暖器;请老师打开吹风机呼呼地吹冰块;带着手套捂冰块,结果发现手套全变湿了。

这时,教师发现两名幼儿开始互相朝对方的小碗里用杯子浇水,一会儿浇热

---

[1] 由浙江省慈溪市实验幼儿园的蔡春玲老师提供,在此表示感谢。

水、一会儿浇冷水,使得水都流到了操作台上。这时教师制止了他们的行为,并且请他们自己用抹布把水都擦干。然后,教师向幼儿示范添加冷水和热水的方法,往一碗冰块里加热水,往另一碗冰块加冷水,引导幼儿用眼睛仔细看会有什么变化。

案例分析

主题性区域活动中,以"教师"为媒介的指导主要包括平行式干预、交叉式干预和垂直式干预三种方式。案例中,教师通过综合运用这三种指导方式,较好地促进了幼儿的探索活动:当发现幼儿只将注意力放在冰块上,而没有发现操作台上的其他材料时,教师利用吸管进行了平行式干预;当发现幼儿无序地摆弄操作材料而没有明确的活动目标时,教师用简洁的提问方式进行了交叉式干预;当发现有幼儿互相朝对方的小碗里用杯子浇水干扰了实验活动时,教师进行了垂直式干预。

第八章　主题性区域活动的评价技巧

评价是主题性区域活动实践中不可或缺的重要一环，是不断改善主题性区域活动的关键所在。总体看，目前学前教育评价在学前教育研究领域中相对比较薄弱，这在主题性区域活动研究领域中同样如此。本章将在简要分析主题性区域活动评价新取向的基础上，重点结合实践分析主题性区域活动的具体评价内容。

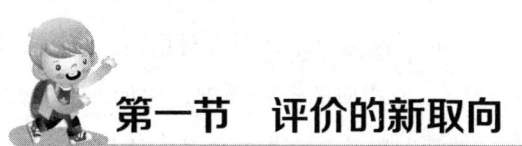

第一节　评价的新取向

评价是主体对客体价值的一种观念性把握，是通过系统地收集与分析资料，进而对客体有无价值和价值大小所做的判断。主题性区域活动评价在评价的功能、参与者以及时机等方面均表现出了新的取向或特点。

一、评价的功能："承上启下"的发展功能

主题性区域活动评价的主要功能或目的不在于甄别、选拔或评比，而在于通过评价更好地了解现状，进而提出针对性的改进建议或策略，最终促进主题性区域活动的不断改善与幼儿发展。因此，主题性区域活动评价主要是一种形成性评价，或称过程性评价，具体地说，是在主题性区域活动开展过程中，收集、分

析与判断主题性区域活动的相关资料，以此调整与改进主题性区域活动，使其更为完善的一种评价方式。主题性区域活动评价就如同美国教育学家杜威所说的经验过程中的"休止处"，是对之前活动成果的吸收与取得和对之后活动的建议与启示。

总之，主题性区域活动评价的主要功能实现了从甄别与选拔向"承上启下"发展功能的转变。

二、评价的参与者：基于共同经验基础的"相关人员"

主题性区域活动评价参与成员的构成更加灵活，是基于共同经验基础的"相关人员"。具体地说，是对一个共同话题感兴趣并具有了相应的经验基础的所有"相关人员"，包括相关的教师、幼儿甚至家长。这使评价活动更具有灵活性和针对性，避免了许多幼儿因缺乏相关经验而对评价不感兴趣或游离于评价活动之外的现象。

"相关人员"就某一共同话题的经验基础，不仅提高了幼儿参与评价活动的积极性，更为重要的是，有利于幼儿真正参与到评价活动中来，并且在与同伴的互评过程中，产生高质量的碰撞与对话，因为对话的一个重要条件就是有一个对话参与者共同关心的话题以及相应的经验基础。比如，"集体活动和区域活动的交互运用"案例[1]中，教师发现数学区中的幼儿在比较物体轻重过程中出现了一种定势，即"体积大的物体重，体积小的物体轻"，随即组织数学区中的幼儿开展了一次有关"物体的轻重与物体的大小有没有关系"的讨论，这实际上是一次评价活动。通过这次评价活动，帮助幼儿得出了一个相对较为科学合理的观念，即"大的物体不一定重，小的物体也不一定轻，这和物体的材料有关"。案例中，教师发现有必要进行评价时，并没有组织全班幼儿参与评价，而是组织了数学区中的幼儿参与了评价。总之，教师在组织开展主题性区域活动评价时，应选取那些就某一问题有共同经验基础的"相关人员"参与，这就决定了主题性区域活动评价参与者的规模是灵活多样的。

---

[1] 钱芬. 集体活动和区域活动的交互运用 [J]. 学前教育，2005（3）：26-27.

三、评价的时机：基于需要原则的"随机"

主题性区域活动评价不再仅仅局限于活动结束后的集中评价，而是根据需要可以扩展到活动过程中的任一环节，它主张活动过程中的随机评价和活动结束后的集中评价相结合，强调评价时机从主要固定于活动结束时段转变为基于需要原则的"随机"。比如在"集体活动和区域活动的交互运用"的案例中，当教师发现数学区中的幼儿在操作材料时出现了一种定势时，就果断地组织数学区的幼儿开展了一次有针对性的评价活动。

第二节 评价的内容

主题性区域活动评价主要涉及幼儿、教师、环境等方面，其中环境主要涉及主题性活动区的种类确定与空间设置以及材料投放，这些在前面相关章节中均已有所论述，故此处将重点分析主题性区域活动中幼儿与教师的评价问题。

一、幼 儿

主题性区域活动的核心目的是促进幼儿发展，因此，主题性区域活动评价内容中，对幼儿的评价是核心。

（一）评价内容

对幼儿参与主题性区域活动情况的评价，主要包括以下五个方面的内容：

1. 幼儿参与主题性区域活动的兴趣性和坚持性

评价幼儿参与主题性区域活动的兴趣性和坚持性，主要是观察与分析幼儿是否喜欢区域活动、对区域活动是否充满期待、最喜欢进哪些活动区、喜欢选择哪些活动区材料、情绪是否乐观、选择活动内容后是有始有终地坚持完成还是频繁地变换材料甚至在各个活动区游荡、是否关心自己的活动成果或是将自己与同伴相比较、活动结束时幼儿是否还热衷于讨论关于区域活动的事情等。

在中班主题性区域活动"我爱我家"中，童童小朋友在娃娃家当妈妈，这位妈妈把家里收拾得干干净净，还带宝宝去理发店理发，去点心店买月饼，还去花店买花把家里装饰得非常漂亮，最后还邀请客人一起到他们家过中秋节、吃月饼，人人夸她是个"好妈妈"。回家后，她还对自己的妈妈说："最好天天让我玩娃娃家。"

从案例中就可以看出，幼儿对主题性区域活动"我爱我家"的兴趣非常高，还对下一次区域活动充满了热切的期待。

实践中，教师可以自制评价表格，也可以参考以下相关表格（见表8-1、表8-2、表8-3）。

表8-1　幼儿参与主题性区域活动的兴趣评价表

时间：　　　班级：　　　评价者：

主题名称：			
活动区名称：	参与人数：		
具体指标	评估（在相应栏中填写人数）		
	☆	△	○
对主题性区域活动的期待程度			
对主题性区域活动的喜欢程度			
对活动成果的关心程度			
进行区域活动的持续程度			
对主题性区域活动的深入程度			
主动与其他主题性活动区的联系			
评价结论			
改进策略			

注：☆、△、○分别代表强烈、较强、一般。

第八章 主题性区域活动的评价技巧

表8-2 幼儿主题性区域活动参与情况评价表

时间：　　　　班级：　　　　评价者：

主题名称：		活动区名称：		
学号	参与积极性	交往能力	坚持性	幼儿情绪
评价结果分析				
调整改进策略				

注：评价以"5"分为最高分，具体评价指标参考如下：

①参与积极性：主动要求参与，充满期待，得5分；受同伴或他人影响参与，得4分；在教师引导下参与，表情平淡，得3分；抱无所谓态度，状态不积极，得2分。

②交往能力：能就区域活动过程中的问题、想法以及收获主动与同伴交流，也能对同伴积极回应，能根据主题性区域活动深入开展的需要主动与其他活动区的同伴交流，或者求助教师，得5分；能对同伴在主题性区域活动中的问题、想法以及收获较积极地回应，有时也会主动与同伴交流，得4分；能较好地回应同伴，在同伴要求下与其他活动区同伴交流，得3分；很少与同伴交流，很少对同伴的交流有回应，得2分。

③坚持性：选定活动区后能不受他人干扰或抵挡得住无关的诱惑，做事专注投入，并能根据主题内容创造性地拓展区域活动，持续较长时间，得5分；能较投入地进入活动区活动，在坚持完成预定项目后，有时能根据主题内容创造性地拓展，得4分；能较投入地进入活动区活动，但易受同伴干扰，不能坚持完成预设项目而参与到其他同伴的项目之中，得3分；选定活动区后，注意力分散，易受他人干扰，不能坚持完成项目，甚至四处游荡，得2分。

④幼儿情绪：情绪乐观、积极，能独立克服活动中的困难，遇到解决不了的困难时能友好乐观地求助，也非常乐意帮助同伴，得5分；情绪较乐观，遇到解决不了的困难时会出现烦躁情绪，自己投入地进入活动区时，遇到他人求助或干扰会显示不耐烦，得4分；进入活动区表

情平淡,参与状态不积极甚至无所谓,经常会出现烦躁情绪,得 3 分;情绪低落,进入活动区状态不积极,对区域活动不感兴趣,得 2 分。

表 8-3　幼儿进活动区情况评价表

时间:　　　　班级:　　　　评价者:

主题名称		活动区名称	
评价内容	人数统计	评价内容	人数统计
愿意参加活动		坚持的	
不愿参加活动		容易受挫的	
自信的		冲动的	
试探性的		反思的	
嬉戏的		活跃的	
认真的		安静的	
专注的		注意力分散的	
评价分析			
改进策略			

2. 幼儿在主题性区域活动中的合作交往能力

主题性区域活动中,幼儿主要是以自主学习的方式活动并建构经验。然而,幼儿的学习离不开同伴的影响,合作交往是幼儿成长的重要背景和资源。评价幼儿的合作交往能力,可以重点从以下几个方面进行:

① 幼儿是经常一个人单独活动,还是常与别人合作;
② 在合作时是领导者还是服从者,合作时在团体中处于什么位置;
③ 活动中能否乐于帮助同伴,与同伴轮流分享;

④ 是否经常与别人发生冲突，采用什么方式解决冲突等；

⑤ 是否能协商解决问题、协调关系，从而确保活动顺利进行，如共同收集材料、分工搭建或完成同一任务等；

⑥ 是否会根据需要与不同主题性区域活动中的幼儿进行交流。

大班主题活动"我们的祖国叫中国"中，语言区中的两名幼儿一起玩掷色子的游戏，并用一定的句式讲述自己在大书上看到的景点，说对了会得到大书上的一个奖励贴纸。其中一名幼儿先掷色子，另一名幼儿去拿相应的与骰子上数目相同编号的书，掷色子的幼儿说对了书上的景点名称，拿书的幼儿就用书上的贴纸奖励他。然后两人角色互换与轮流。在此过程中，幼儿就表现出了较高的合作交往能力。

实践中，教师可以自制一些评价表格，也可以借鉴表 8-2 中"交往能力"子项目的评定等级对幼儿在主题性区域活动中的交往能力进行等级评定，或者可以借鉴表 8-4 对不同主题性区域活动中幼儿的合作水平进行评价。

表 8-4　主题性区域活动中幼儿合作水平评价参照表[①]

区域名称	评价参照
美工创意区	能否与同伴合用材料，如彩笔，油画棒，剪刀等。 能否与同伴相互交流，共同讲述欣赏作品，对作品进行互评。
建筑区	能否协商建构主题和方案，并按主题分工合作完成搭建任务。 能否不独占、不争夺玩具，友好地与同伴搭建。 能否在遇到困难时与同伴协商解决，懂得谦让，同用材料。
语言阅读区	是否愿意与同伴交流沟通，主动用语言表达情感。 是否注意倾听他人讲述或谈话，交流共同感兴趣的话题，并能相互讲述图书内容。
科学探索区	能否就某一感兴趣的问题一起进行探索，协商确立探索方案。 能否进行分工，在实践与尝试中找到解决问题的方法。

---

① 秦元东，王春燕. 幼儿园区域活动新论：一种生态学的视角 [M]. 北京：北京师范大学出版社，2008：167. 此处根据需要对个别地方做了调整。

表 8-4 续

区域名称	评价参照
角色表演区	能否选择游戏伙伴，协商确立游戏主题，分配调整角色。 能否自我控制和调整与同伴之间的行为和角色关系。

3. 幼儿在主题性区域活动中的独立性与创造性

幼儿的独立性、创造性是影响幼儿终身发展的重要因素之一。对幼儿在主题性区域活动中的独立性与创造性的评价可以重点从以下几个方面进行：

① 幼儿是主动、独立地选择区域活动，还是盲目服从别人或模仿别人的选择；

② 是否能通过自己的独立思考，独自完成任务；

③ 是否能根据教师所提供的象征性材料想象它所替代的物品，并且类型多样；

④ 是否能根据所提供的材料设计多种不同的玩法，创造性地用多种方法完成活动区中的任务，或者创造性地拓展游戏情节。

在主题活动"我们的祖国叫中国"中，科学区中幼儿正在开展"月亮船"的活动，在观察、比较大小不同、负重不同的月亮船在转动速度方面的不同之外，盼盼还探索出了月亮船按照不同的运行轨迹进行转动的游戏方式。在区域活动结束时的评价中，教师请盼盼给大家介绍了自己的玩法，充分肯定了他的创造性玩法，同时提供了难易不同的轨迹，比如一开始轨迹平直一些，比较容易完成任务，让幼儿获得成功感，然后再提供弯曲程度较大的轨迹，让幼儿学会用手部力量控制月亮船运行的轨迹，最后还可以让幼儿自己在板上设计运行轨迹。在此过程中，幼儿表现出了较好的创造性。

4. 幼儿在主题性区域活动中的认知能力

评价幼儿的认知能力主要是通过观察与评价主题性区域活动中幼儿的操作情况以及与同伴的交流情况，主要包括：

① 选择的操作材料是复杂还是简单，是单一还是复合；

② 操作方式是单调，还是富有创造、善于变通；

③操作结果是单一的产品，还是多样化的表现，如绘画、拼图、手工、创编故事等。

在大班主题活动"我们的祖国叫中国"中，美工区的幼儿在制作唐装上的盘扣，有的幼儿选用的是成品盘扣，直接粘贴上去完成唐装的制作；有的幼儿则根据自己的喜好，用扭扭棒、纸绳等制作出各种各样的盘扣，使自己制作的唐装更加富有个性和美感。在此过程中，幼儿表现出了较高的认知能力。

5．幼儿在主题性区域活动中的规则意识

良好的规则意识是主题性区域活动顺利开展的前提。评价幼儿的规则意识，主要要看幼儿是否理解规则并自觉遵守规则，其中包括：

①是否持进区卡进活动区；

②是否能把材料放回规定位置（一般情况下活动区柜上有材料放置的标记）；

③是否能遵守每个活动的暗示规则，比如在娃娃家门口画上几对小脚印，自觉遵守的幼儿会主动脱掉鞋子放在小脚印上，然后进入；

④是否能提醒其他幼儿遵守规则；

⑤是否能根据活动的情况与需要提出或修改规则；

⑥是否能运用规则评价自己和他人的行为。

（二）评价方式

根据评价时机的不同，对幼儿的评价可以粗略地划分为活动过程中的随机评价和活动结束后的集中评价两种。

1．活动过程中的随机评价

主题性区域活动具有较大的自主性、自由性与开放性，每个幼儿参与的情况不同，开展过程中需要幼儿自身、同伴或教师及时进行相应的评价，其中尤其以教师进行评价为主。教师在活动过程中需要及时对个别幼儿予以评价，或指出问题，或及时肯定幼儿的成绩，或鼓励幼儿创造性地发挥，或对能力强的幼儿在完成项目后提出进一步的要求等。

实践中，教师主要通过语言进行评价，可以采用直接性的语言评价，如"你的豆浆终于磨出来了，真了不起！如果再加一点儿水可能会更好，继续试哦"，以激发幼儿继续尝试的积极性；也可以采用暗示性的语言评价，比如幼儿A在探究斜坡时只用光滑度相同的斜面进行尝试，最后只得出斜坡高度不一样速度不一样这一种结论，这时幼儿B却在进行斜面光滑度不一样而斜坡高度一样时速度不一样的尝试，这时教师可以肯定幼儿B的发现，暗示幼儿A也进行探究尝试，这种评价既保护了幼儿A的自尊心，又引导了幼儿A进行深度探究。

教师还可以采用动作暗示评价。比如，幼儿操作好材料后没有把它们放回原处，就开始进行另一项材料的操作。为了不影响幼儿的操作，教师可以亲自根据物品摆放标记放回原处。这种评价可以让幼儿明确地认识到自己没有遵守规则，提醒幼儿下次遵守规则。

需要注意的是，随着幼儿评价意识和能力的不断提高与增强，教师应引导幼儿在活动过程中逐渐尝试与学习对自己或同伴的活动进行评价。

2. 活动结束后的集中评价

集中评价也被称总结性评价，一般在主题性区域活动开展之后进行，也是区域活动的结束环节，主要是针对之前区域活动的现状，组织参与区域活动的全体幼儿或小组幼儿进行评价并提出下一次区域活动的要求。

集中评价不仅仅是简单的小结，更需要教师选择合适的评价点进行评价：

① 以近期主题目标为评价点进行评价；
② 以幼儿活动中典型的、有价值的新经验为评价点进行评价；
③ 以幼儿在活动中遇到的困难为评价点进行评价；
④ 以幼儿的寻常时刻为评价点进行评价；
⑤ 以区域活动规则为评价点进行评价。

集中评价过程中不仅有教师对幼儿的评价，更有同伴对幼儿的评价，还有幼儿对自己的评价。教师应采取多种方式，积极鼓励、引导与支持幼儿参与评价活动：

① 通过提问引导幼儿参与评价：你做的美味糕点看起来可真好吃啊，可以

向大家介绍一下你的做法吗？你在游戏中玩得很开心，把你游戏中最快乐、最有趣的事情讲给大家好吗？你觉得活动中谁玩得好，谁要加油？你在区域活动中发现了什么问题？为了以后玩得更好，我们还应该做些什么？

② 通过设计与提供一些评价表（如表 8-5、表 8-6）引导幼儿的评价活动。

③ 可以利用现代化的视听工具（如照相机、摄像机等）记录与重现幼儿在活动中的情景，进而引发与促进幼儿的评价活动。

④ 还可以引导幼儿直接借助自己的活动成果，演示与评价自己探索尝试的方法与过程。

表 8-5　中班主题性区域活动幼儿自我评价表

主题名称：　　　　活动区名称：　　　　班级：　　　　时间：

学号	玩得开心吗		我会玩吗		准备好了吗	
	☺	×	👍	×	✋	×

注：把表格夹在木板上，活动结束后让幼儿在相应的格子里打"√"。

表 8-6　大班主题性区域活动幼儿自我评价表

主题名称：　　　　活动区名称：　　　　班级：　　　　时间：

学号	我是这样学的			情绪体验		
	一个人☺	两个人☺☺	许多人☺……	☺	😐	☹

注：把表格夹在木板上，活动结束后让幼儿在相应的格子里打"√"。

二、教师

教师是主题性区域活动的重要组织者。因此，通过对教师进行评价进而促进教师专业素养的提升，将有助于主题性区域活动水平的不断提高。对教师的评价主要包括以下四个方面的内容：

（一）主题性区域活动计划的制订能力

教师在充分理解主题活动的基础上，设计与制订科学合理的主题性区域活动计划，是主题性区域活动顺利与有效开展的重要保障。主题性区域活动计划可以是针对一个主题活动中所有的主题性区域活动，也可以是针对某一类（如角色表演区）的主题性区域活动。一般情况下，主题性区域活动计划主要包括主题预设目标、各主题性活动区名称、区域活动目标、材料投放以及教师指导要点等（见表8-7）。

表8-7　中班角色表演区活动计划

主题预设目标	1. 初步了解中秋节的相关习俗，能愉快地参加有关中秋节的活动。 2. 在游戏中主动与他人交往和合作，培养为他人服务的意识。 3. 进一步提升语言表达能力，并能用文明的语言进行交流。			
活动区	活动名称	主要材料	辅助材料	活动目标
可可家乐乐家	全家福	"拍力得"自动出片相机、图形打孔机	各类彩纸、用于打扮的各种材料、双面胶等	喜欢动手操作活动；感受全家团圆的快乐；萌发关爱家人的情感
美味轩	月饼专卖	月饼制作模型、干湿程度适中的面粉、食用油、刷子	各类小盘子、抹布等	知道中秋节即将来临；知道吃月饼是中秋习俗；能大胆叫卖和推销月饼
华润万家超市	月饼包装	食品包装纸、各类月饼盒	拉花、双面胶、剪刀、包装袋等	耐心地将月饼包装好；能主动引导客人购买
休闲吧	泡花茶	菊花、玫瑰花、果珍粉	温水、一次性杯子、其他小点心	两个服务员之间能协调工作内容、商量着完成任务
美美花店	花卉促销	打气筒、气球若干、彩带	促销横幅、各类鲜花	理解买一送一的含义，学说广告语，能为花店做宣传；能合作进行打气活动，遇到困难会寻求他人帮助

第八章 主题性区域活动的评价技巧

表 8-7 续

活动区	活动名称	主要材料	辅助材料	活动目标
理发店	美发行动	长发头模一个、各类夹子、橡皮筋、发箍	梳子、摩丝、吹风机等	合作梳理长发，进行美的创作；不发生争抢行为

教师能否深刻地理解主题的内涵、制订主题活动目标，并确定主题性活动区种类及相应的活动材料与内容，是主题性区域活动计划制订的关键。对教师主题性区域活动计划制订能力的评价，可以考虑从以下三个方面进行：

1. 目标的导向性

教师制订的主题性区域活动计划应符合、体现并有助于完成主题活动目标。因此，主题性区域活动计划和主题活动目标的一致性程度，即目标导向性，是评价教师主题性区域活动计划制订能力的一个首要指标。比如，表 8-7 中中班角色表演区种类的确定、活动材料与目标的制订，均与主题预设目标之间具有较强的一致性，体现了较好的目标导向性。

2. 发展的适宜性

主题性区域活动计划中确定的活动区种类、投放的活动材料及制订的活动目标，应对幼儿具有一定的挑战性，处于幼儿发展的最近发展区，即幼儿需要"跳一跳才能够得到"。主题性区域活动计划对幼儿的适宜性，即发展适宜性，是衡量与评价教师主题性区域活动计划制订能力的另一项重要指标。正如下面案例所示：

在主题活动"我们的祖国叫中国"中，教师在计算区中投放了有关"我家的电话号码"的相关材料，每一份材料在设计时都考虑了不同发展水平的幼儿：第一层次的材料是圆点式的电话号码（见图 8-1）；第二层次的材料是计数式的电话号码（见图 8-2）；第三层次的材料是分合式的电话号码（见图 8-3）；第四层次的材料是加减式的电话号码（见图 8-4）。不同层次的材料为不同发展水平的幼儿提供了平台，使他们在操作过程中具有挑战性的同时也能经过自己的努力而获得成功感。

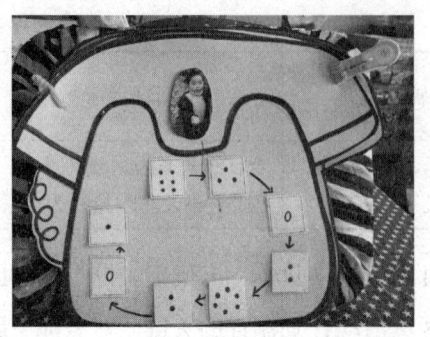
图 8-1　圆点式的电话号码

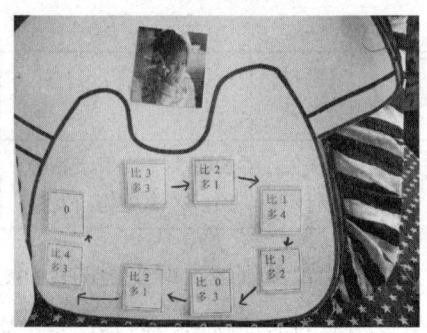
图 8-2　计数式的电话号码

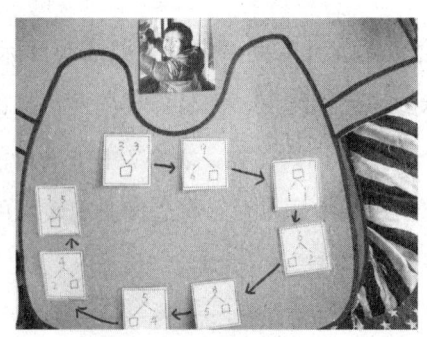
图 8-3　分合式的电话号码

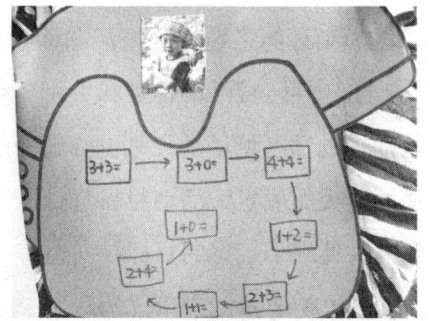
图 8-4　加减式的电话号码

3. 生活的适宜性

包括主题性区域活动在内的主题活动，应符合生活化原则，即源于和高于幼儿的生活。因此，教师制订的主题性区域活动计划应捕捉与体现幼儿生活中有价值的信息，捕捉与体现充满时代特征的信息。主题性区域活动计划反映幼儿的生活的程度，即生活适宜性，是衡量与评价教师主题性区域活动计划制订能力时不可或缺的一个指标。如表 8-7 中的"华润万家超市"与"理发店"等是幼儿日常生活中所熟知的店面的缩影，休闲吧"泡花茶"符合当前时代人们的生活，而美味轩"月饼专卖"则具有时令特点。

（二）主题性区域活动中的观察能力

教师在主题性区域活动中观察能力的高低，将直接影响主题性区域活动开展

的质量。对教师在主题性区域活动中观察能力的评价,可以主要考虑从以下三个方面进行:

1. 目标性

教师的观察应是一定目标指导下的自觉地收集与分析资料的过程。因此,教师在主题性区域活动过程中的观察符合主题活动目标的程度,即目标性,就成了衡量与评价教师主题性区域活动中观察能力的一个首要指标。

教师根据前一阶段区域活动开展的情况以及主题活动的需要确定合理明确的观察点,将有助于增强教师观察的目标性。比如,在中班角色表演区"我爱我家"中,教师把观察点确定为:"每个活动区中的幼儿能用礼貌的语言(如您好!再见!欢迎光临!)进行交流,内化基本的常规生活用语;服务员大胆地推销、叫卖自己的产品;关注材料使幼儿产生的合作与协商行为并进行分析。"

2. 全面性

主题性区域活动是一个开放、自由、自主的状态,幼儿在活动中各种情况都有可能发生。因此,教师要全面关注幼儿区域活动的情况,包括幼儿的表情、参与区域活动的状态、材料的使用情况等,并及时发现问题,找出应对的策略。因此,全面性就成为衡量与评价教师在主题性区域活动中观察能力的另一重要指标。比如,美工区幼儿在进行扎染活动,一名幼儿重复地拿着布在扎染,表情从开始的兴奋变得十分平淡。一位教师看见了,觉得幼儿很投入,就走开了;另一位教师也看见了,觉得这样的材料投放有问题,不能激发幼儿进一步深入探究的兴趣。于是,前一位教师什么也没做,活动结束后表扬这名幼儿很认真;而后一位教师则给幼儿提出建议,如扎染的时候可以选择其他颜色,已经晾干的扎染布料可以做衣服,并在活动结束后在美工区墙面上布置了扎染流程图。可见,教师收集与分析资料的全面性、合理性,直接影响着其采取不同的应对策略。

3. 高效性

教师应学会运用多种观察工具进行观察,以提高单位时间内的观察效率,为主题性区域活动的进一步开展提供依据。因此,效率也是衡量与评价教师在主题性区域活动中观察能力的指标之一。

一般情况下，教师可以综合利用照相机、摄像机、录音笔、手机、观察记录表等观察工具进行观察。比如，在主题活动"我们的祖国叫中国"中，教师把主题性区域活动的主要观察点确定为材料与幼儿主动学习的关系，教师就需要及时捕捉幼儿积极与材料互动的场面，为此就用照相机和摄像机进行了观察记录，为进一步研讨提供了丰富的感性材料，提高了研讨的效果；如果只是单纯地用语言描述材料和幼儿主动学习的关系，将很难引起其他研讨者的共鸣，进而影响研讨质量。

（三）主题性区域活动中的组织指导能力

主题性区域活动中，教师主要扮演着支持者、引导者、合作者的角色，以间接指导为主，直接指导为辅。因此，教师的组织指导能力将直接影响主题性区域活动能否顺利有效地开展。对教师在主题性区域活动中组织指导能力的评价，可以考虑从以下两个方面进行：

1. 规则的合理性

规则的有效制订与执行是主题性区域活动顺利有效开展的重要保障，尤其是隐性规则的有效制订与执行。一个有序、活而不乱的主题性区域活动，一定隐含着科学合理的规则。比如，规定一个活动区只能放置5张卡，幼儿凭进区卡自主选择活动；活动区材料的放置都有明显的摆放标记；进入活动区后不能大声说话等。在每个活动区内部，教师会根据活动区的特征引导幼儿制订相应的规则。这些合理规则的制订，确保了活动的有序开展。相反，没有建立有效的规则或规则不合理，则会造成活动区的混乱，给教师的组织造成极大的困难。因此，规则的合理性就成了衡量与评价教师在主题性区域活动中组织指导能力的一个首要指标。

2. 指导的恰当性

主题性区域活动中，教师的指导是以间接指导为主，直接指导为辅，主要通过材料投放和以教师自身为媒介等两种方式进行指导。指导的恰当性就成了衡量与评价教师在主题性区域活动中组织指导能力的另一项重要指标。

评价教师的指导是否恰当，关键要看以下几个方面：

①是否把握住了指导的时机；

②是否激发了幼儿进一步进行区域活动的兴趣；

③是否适时地解决了幼儿的困惑，激发了幼儿进一步探索的欲望；

④是否能巧妙应对突发的幼儿矛盾以及幼儿在区域活动中无所事事的状况；

⑤是否能及时有效地鼓励、帮助幼儿获得区域活动的成功感；

⑥是否能对个别特殊的幼儿予以有效的指导。

（四）主题性区域活动的反思能力

主题性区域活动结束后进行及时有效的反思，不但可以提高教师自身的素质，更重要的是可以帮助教师对下一次主题性区域活动的开展做出及时的调整和改进策略。对教师主题性区域活动反思能力的评价，主要从以下两个方面进行：

1．反思的习惯性

教师是否养成了及时反思的习惯，是评价教师主题性区域活动反思能力的首要指标。每一次主题性区域活动开展过程中，教师都要能及时记录典型的事例、记录发现的问题以及存在的困惑，如主题性区域活动中幼儿的合作交往不明显、预期的目标没有达成、不同主题性活动区之间互相干扰……所有这些问题，教师都要及时发现并记录，同时要深入分析，提出改进和调整策略。

2．反思的有效性

仅仅养成反思的习惯还不够，还要看教师反思后提出的建议或想法是否对接下来的主题性区域活动产生了积极的推动作用，即反思的有效性，就成为了评价教师主题性区域活动反思能力的另一重要指标。教师反思后往往会提出许多建议、设想或策略，关键要看其是否在接下来的主题性区域活动中得到了落实以及成效如何、是否重新调整了活动区的空间布局、材料投放是否得到了进一步改善以及教师的指导策略是否有了明显的跟进等。

以上四个方面对教师的评价可以单独进行，也可以综合进行，以上所列评价指标仅仅是一种参考。实践中，教师应在综合考虑评价目的和其他各种条件的基础上,灵活选取、调整与制订具体评价指标,设计评价表格(如表8-8、表8-9、表8-10、表8-11、表8-12),开展评价活动。

表8-8 中、大班主题性区域活动开展情况评比表

评比者：　　　　时间：

班级指标	规则体现	材料提供	评价呈现	幼儿参与	亮点（文字记录）
评价性阐述					

备注：1. 请评出1~2名优胜班级。
　　　2. 每一栏以"5"、"3"、"1"分制进行评价。
　　　3. 最后一栏"亮点"指标用文字记录。

表8-9 小班角色表演区活动开展情况评比表

评比者：　　　　时间：

班级指标	游戏环境	材料提供	角色意识	活动交往	亮点（文字记录）
评价性阐述					

备注：1. 请评出1~2名优胜班级。
　　　2. 每一栏以"5"、"3"、"1"分制进行评价。
　　　3. 最后一栏"亮点"指标用文字记录。

表8-10　主题性区域活动观察记录情况评比表

评比者：　　　　时间：

班级 指标	观察 指标	表格 设计	及时 有效	面向 全体	观察 态度	总评（简单 的文字描述）

注：优秀——"☆"　　一般——"√"　　待改进——"○"

表8-11　主题性区域活动组织指导情况评比表

评比者：　　　　时间：

班级 指标	兴趣 激发	支持 启发	参与 体验	适时 介入	区别 对待	正面 鼓励	总评（简单 的文字描述）
推荐最佳组织者 3~5位							

注：优秀——"☆"　　一般——"√"　　待改进——"○"

表8-12　主题性区域活动反思评价情况评比表

评比者：　　　　时间：

班级 指标	关注主 题内涵	正面引 导鼓励	善于发 现问题	慎用横 向比较	注意个 别差异	理解幼 儿行为	总评（简单 的文字描述）

注：优秀——"☆"　　一般——"√"　　待改进——"○"

后　记

本书是秦元东主持的浙江师范大学杭州幼儿师范学院博士点学科建设培育项目"生态式区域活动与幼儿园课程实施模式创新"的研究成果之一。自课题立项起，课题组成员进行了充分论证，在浙江省选取了在幼儿园区域活动方面具有悠久研究历史和丰富实践经验的慈溪市实验幼儿园，共同开展了实践研究，尤其是慈溪市实验幼儿园的陈芳园长组织一线教师在原有基础上深入开展了主题性区域活动的专项研究，为本书提供了大量鲜活的宝贵素材，奠定了坚实基础。

呈现在读者面前的这本书凝聚了多人的智慧与心血。写作前，秦元东提出书的写作框架，后和慈溪市实验幼儿园的陈芳园长及其一线老师广泛交流，对写作框架进行调整，然后在和本书的责任编辑高君进行了充分沟通的基础上，最终由秦元东确定本书的框架结构。具体分工为：秦元东负责撰写第一章；第二章第一节；第三章；第四章的第一、二、三节；第五章第一节；第六章第一节；第七章第一节；第八章第一节。慈溪市实验幼儿园的陈芳、张葵葵、史维敏、桑莹莹、柴维乃和徐新芳分别提供了第二章第二节、第四章第四节、第五章第二节、第六章第二节、第七章第二节和第八章第二节的原始素材，后经陈芳初步修改，然后再由秦元东和相关老师多次沟通进一步完善。此外，慈溪市实验幼儿园的史维敏、柴维乃、张葵葵、蔡春玲、桑莹莹、范忭燕等老师以及安吉县实验幼儿园的章洁提供了部分案例素材。全书的统稿工作由秦元东和陈芳共同完成，最后由秦元东定稿。

本书写作过程中，我们借鉴、参考、引用了许多专家学者的相关研究成果，采用了一些幼儿园教师的宝贵案例材料，在书中均一一做了注明，在此一并表示诚挚的谢意。为了写好本书，我们做了最大努力，但能力、水平有限，仍有疏漏与不当之处，恳请广大同仁不吝批评指正。

"万千教育"编辑高君付出的艰辛劳动与所做的大量细致工作，是本书能得以顺利出版所必不可少的。此外，作者所在单位浙江师范大学杭州幼儿师范学院和慈溪市实验幼儿园的领导也给予了大力支持。在此一并表示衷心的感谢！

本书是对幼儿园主题性区域活动的一次尝试，权当"抛砖引玉"，期盼着更多人关注、支持并参与到幼儿园主题性区域活动的研究领域中来。

秦元东
2012年10月于杭州

万千教育 学前教育类书目

书号	书名	著、译者	定价(元)
幼儿园区域活动指导			
1935	幼儿园户外环境创设与活动指导（全彩）	董旭花 等 著	72.00
2103	幼儿园社会区材料设计与评价（四色）	王微丽 霍力岩 主编	60.00
1950	幼儿园科学区材料设计与评价（全彩）	王微丽 霍力岩 主编	60.00
1951	幼儿园生活区材料设计与评价（全彩）	王微丽 霍力岩 主编	60.00
1782	幼儿园数学区材料设计与评价（全彩）	王微丽 霍力岩 主编	60.00
1800	幼儿园语言区材料设计与评价（全彩）	王微丽 霍力岩 主编	60.00
2598	幼儿园艺术区材料设计与评价（全彩）	王微丽 霍力岩 主编	60.00
9613	幼儿园区域活动——环境创设与活动设计方法（全彩）	王微丽 主编	60.00
9149	小区域，大学问——幼儿园区域环境创设与活动指导	董旭花 等 著	30.00
9548	幼儿园创造性游戏区域活动指导（角色区·建构区·表演区）	董旭花 等 编著	32.00
9549	幼儿园自主性学习区域活动指导（生活操作区·美工区·益智区·科学区）	董旭花 等 编著	35.00
0156	幼儿园区域活动现场指导艺术——透视38个区域故事	董旭花 等 著	38.00
9134	如何有效实施幼儿园主题性区域活动	秦元东 等 著	24.00

7937	幼儿园科学区（室）——科学探索活动指导117例	董旭花 主编	28.00
幼儿园区域活动指导合计			679.00

幼儿园园所管理

2102	破解幼儿园园长的50个管理难题	苏晓芬 等 著	48.00
1784	幼儿园危机管理策略与实例	周丛笑 等 编著	52.00
1596	幼儿园安全管理策略	张春炬 李芳 主编	42.00
0039	园本培训促进幼儿教师专业发展	晏红 著	32.00
9883	幼儿园教研活动设计与实施	莫源秋 著	32.00
9620	幼儿园保育员工作指南	伍香平 等 主编	20.00
9438	幼儿园园长的领导艺术	任民 李迎春 著	32.00
9006	幼儿园园长临场应变技巧50例	卢俊 著	20.00
9012	幼儿园园长易犯的80个错误	伍香平 主编	25.00
幼儿园园所管理合计			303.00

幼儿园教师专业成长指导

2113	做会沟通的幼儿教师	胡剑红 等 主编	38.00
2236	幼儿园文案撰写规范与技巧	刘敏 等 著	52.00
2311	幼儿园探究性环境创设（四色）	康丹 等 译	48.00
2056	小脑袋，大问题（四色）	孟晨 译	48.00
2309	破解幼儿园教师的90个工作难题	杜长娥 徐钧 主编	52.00

2112	幼儿园优质教研活动设计方案	朱 清 等 著	38.00
1781	给青年幼儿教师的建议	吴邵萍 著	40.00
8470	答新手幼儿教师120问	刘洪霞 主编	28.00
1798	幼儿园新手教师指导手册	王 芳 等 著	48.00
1783	从新手到骨干——幼儿教师专业成长故事	尹坚勤 编著	42.00
1780	幼儿教师追求幸福的方法	余胜兰 著	42.00
9111	做个幸福快乐的幼儿教师 ——为你的专业成长支招	莫源秋 著	28.00
9047	幼儿教师临场应变技巧60例	冯伟群 著	25.00
8930	幼儿教师易犯的150个错误	伍香平 编著	32.00
0070	幼儿教师必知的礼仪规范	向多佳 编著	38.00
9611	幼儿园教师必知的60条教育政策与法规	洪秀敏 编著	34.00
幼儿园教师专业成长指导系列合计			**633.00**
幼儿园教师教学技能与活动指导			
2253	理解儿童心理从绘画开始（全彩）	陈 侃 著	38.00
0760	幼儿园备课·说课·听课·评课	俞春晓 等 著	42.00
8598	幼儿园集体教学活动设计方法与实例	俞春晓 著	28.00
9499	幼儿教师必须修炼的10项教学技能	俞春晓 著	25.00
9454	幼儿园教学诊断技巧与对策58例	王春燕 等 著	38.00
1799	幼儿园电影主题活动创意设计（全彩）	王微丽 等 主编	72.00

9612	幼儿园综合主题活动 ——设计技巧与优秀案例	赵旭莹 等 主编	42.00
1235	幼儿园绘本美术活动创意设计（全彩）	郭莉萍 赵福云 主编	68.00
9323	幼儿园美术活动创意设计（全彩）	罗 梅 赵福云 主编	56.00
0180	给幼儿教师和家长的81条美术教育建议（全彩）	李力加 著	62.00
9150	幼儿园节日活动精彩设计方案	刘洪霞 主编	35.00
9590	幼儿园语言活动创新设计	郭咏梅 著	32.00
0157	幼儿园优秀语言活动设计70例	郭咏梅 主编	26.00
0453	幼儿园优秀体育活动设计99例	朱 清 侯金萍 主编	45.00
9892	幼儿园优秀美术活动设计99例（全彩）	陈学群 余 晖 主编	58.00
9591	幼儿园优秀健康活动设计80例	范惠静 主编	38.00
9439	幼儿园优秀社会活动设计65例	伍香平 主编	25.00
9385	幼儿园优秀科学活动设计88例	董旭花 主编	35.00
9951	幼儿园科学探究故事20例	王明珠 主编	40.00
幼儿园教师教学技能与活动指导合计			805.00
幼儿行为观察与应对指导			
2308	0—8岁儿童纪律教育 ——给教师和家长的心理学建议（第七版）	蔡 菡 译	72.00
9138	幼儿行为的观察与记录（第五版）	马 燕 等 译	32.00

……

欲了解更多图书信息，请登录：www.wqedu.com

联系地址：北京市西城区三里河路6号院2号楼213室　万千教育

咨询电话：010-65181109，65262933

*本目录定价如有错误或变动，以实际出书为准。